Gunnar Brands

Antiochia in der Spätantike

Hans-Lietzmann-Vorlesungen

Herausgegeben von
Christoph Markschies

Heft 14

Gunnar Brands

Antiochia in der Spätantike

Prolegomena zu einer archäologischen Stadtgeschichte

DE GRUYTER

Akademieunternehmen „Die alexandrinische und antiochenische Bibelexegese in der Spätantike – Griechische Christliche Schriftsteller“ der Berlin-Brandenburgischen Akademie der Wissenschaften

ISBN 978-3-11-044323-3
e-ISBN (PDF) 978-3-11-044394-3
e-ISBN (EPUB) 978-3-11-043553-5
ISSN 1861-6011

Library of Congress Cataloging-in-Publication Data
A CIP catalog record for this book has been applied for at the Library of Congress.

Bibliografische Information der Deutschen Nationalbibliothek
Die Deutsche Nationalbibliothek verzeichnet diese Publikation in der Deutschen Nationalbibliografie; detaillierte bibliografische Daten sind im Internet über http://dnb.dnb.de abrufbar.

Druck und Bindung: Hubert & Co. GmbH & Co. KG, Göttingen
♾ Gedruckt auf säurefreiem Papier
Printed in Germany

www.degruyter.com

Vorwort

Mit den Hans-Lietzmann-Vorlesungen erinnern die Berlin-Brandenburgische Akademie, die Humboldt-Universität zu Berlin und die Friedrich-Schiller-Universität Jena an einen maßstabsetzenden Historiker des antiken Christentums, der zugleich auch ein Archäologe von Rang war: an *Hans Lietzmann*[1]. Lietzmann wechselte 1924 von Jena an die Theologische Fakultät der damaligen Friedrich-Wilhelms-Universität, wurde 1926 ordentliches Mitglied der damaligen preußischen Akademie der Wissenschaften und stand dem Akademieunternehmen „Griechische Christliche Schriftsteller“, wiederum als Nachfolger Harnacks, seit 1930 vor. Sowohl in seiner Jenaer als auch in seiner Berliner Zeit publizierte Lietzmann über Grabungen, Baubefunde und archäologische Zusammenhänge[2], außerdem setzte er in seinem akademischen Unterricht neben Texten auch (zum Teil selbst aufgenommene) Großdiapositive und Filme ein; dafür stellte ihm in Berlin der preußische Kultusminister Carl Heinrich Becker, ebenfalls ein renommierter Professor der damaligen Friedrich-Wilhelms-Universität, einschlägige Finanzmittel zur Verfügung[3]. Zu dem integrativen Konzept von Hans Lietzmann, Spätantike im Sinne einer *histoire totale* zu erforschen, zählte selbstverständlich die Interpretation archäologischer Befunde. Heute hat sich die Wissenschaft weiter diversifiziert; „Christliche Archäologie“ als ein Fach, das in Theologischen Fakultäten gleichsam im Nebenamt von hauptberuflich als Historiker tätigen Theologen betrieben wird, ist dieser Diversifizierung mit Recht nahezu überall zum Opfer gefallen und wird inzwischen an archäologischen Instituten als Archäologie (und Kunstgeschichte) der paganen wie christlichen Spätantike betrieben. Wenn die Institutionen (beziehungsweise die Einrichtungen in ihrer Nachfolge), an denen Hans Lietzmann als Professor für Neues Testament, Kirchengeschichte und

---

1 Wilhelm Schneemelcher, s. v. „Lietzmann, Hans Karl Alexander (1875–1942),“ in *Theologische Realenzyklopädie* (Berlin/New York: De Gruyter, 1991 = 2000), 21: 191–196; Wolfram Kinzig, „Hans Lietzmann (1875–1942),“ in: *Theologie als Vermittlung. Bonner evangelische Theologen des 19. Jahrhunderts im Porträt*, hg. v. Reinhard Schmidt-Rost, Stephan Bitter u. Martin Dutzmann (Arbeiten zur Theologiegeschichte 6; Rheinbach: CMZ-Verlag, 2003), 220–231.

2 Die entsprechenden Arbeiten von Lietzmann wurden ausführlich dargestellt im Vorwort zu: Hugo Brandenburg, Die Kirche S. Stefano Rotondo in Rom. Bautypologie und Architektursymbolik in der spätantiken und frühchristlichen Architektur (Hans-Lietzmann-Vorlesungen 2; Berlin/New York: De Gruyter, 1998); diese Passagen sollen hier nicht wiederholt werden.

3 Ein entsprechender Bericht aus dem kirchenhistorischen und christlich-archäologischen Seminar bei Carl Andresen, Berlin, 1929–1932: Eine autobiographische Skizze von Carl Andresen, hg. u. kommentiert von Christoph Markschies, in: *Zeitschrift für Antikes Christentum* 16 (2012): 11–24.

Christliche Archäologie tätig war, seit 1995 gemeinsam an den großen Gelehrten erinnern, dann natürlich nicht in der Hoffnung, man könne heute diese drei Fachgebiete als einzelne Person überblicken. Die in Zeiten durchgängiger Spezialisierung so notwendige Interdisziplinarität kann nur auf der Basis strenger disziplinärer Orientierung von unterschiedlichen Wissenschaften gemeinsam geleistet werden; hier liegt der Grund, dass zu den „Hans-Lietzmann-Vorlesungen" immer wieder Personen aus allen von Lietzmann vertretenen Fachgebieten eingeladen werden; im Jahre 2012 mit Gunnar Brands wieder einmal ein Archäologe.

Brands ist ein sowohl historisch wie baugeschichtlich und bautechnisch bestens ausgebildeter Archäologe und dokumentiert damit den erheblichen Professionalisierungsschub der Archäologie in den letzten Jahrzehnten: Er hat seit 1977 die Fächer Klassische Archäologie, Christliche Archäologie, Alte Geschichte und Latein in Bonn, Heidelberg und in Rom studiert; parallel dazu studierte er Architektur an der RWTH Aachen. 1984 schloss er diese Ausbildung mit dem Titel eines Diplom-Ingenieurs ab. 1986 erfolgte die Promotion in Bonn in den Fächern Klassische Archäologie, Christliche Archäologie, Alte Geschichte; Thema der Arbeit waren republikanische Stadttore in Italien[4]. Es schlossen sich Stipendien des Deutschen Archäologischen Instituts an, darunter 1986/1987 das renommierte Reisestipendium. Im Rahmen eines Forschungsstipendiums des Deutschen Archäologischen Instituts beschäftigte sich Brands 1987 und 1988 mit der Archäologie der Spätantike in Südarabien und der himyarischen Kultur; Regionen, die seinerzeit noch nicht so im allgemeinen Interesse standen wie in den letzten Jahren, als die Vor- und Frühgeschichte des Islam plötzlich neue Aufmerksamkeit fand[5]. Die folgenden Jahre 1988–1994 arbeitete Gunnar Brands als Wissenschaftlicher Assistent am Seminar für Klassische Archäologie der Freien Universität Berlin am Lehrstuhl von Wolfram Hoepfner; an der Freien Universität wurde er 1995 auch für das Fach Klassische Archäologie habilitiert und zum Privatdozenten ernannt. Nach einer kurzen Zeit als Oberassistent am Institut für Bau- und Kunstgeschichte der Brandenburgischen Technischen Universität Cottbus am Lehrstuhl für Baugeschichte von Adolf Hoffmann in den Jahren 1995–1997 ist Gunnar Brands seit 1997 als Professor für Orientalische Archäologie, Christliche Archäologie und Byzantinische Kunstgeschichte an der Martin-Luther-Universität Halle-Wittenberg tätig. In den Jahren 1997 bis 2002 war er zugleich Direktor

---

4 Gunnar Brands, Republikanische Stadttore in Italien (British Archaeological Reports. International Series 458; Oxford: BAR, 1988).

5 Vgl. nur: *The Qur'ān in Context: Historical and Literary Investigations into the Qur'ānic Milieu*, ed. by Angelika Neuwirth, Nicolai Sinai, and Michael Marx (Texts and Studies on the Qur'ān 6; Leiden/Boston: Brill 2010).

des Instituts für Orientalische Archäologie und Kunst, für die akademischen Jahre 1993/1994 und 2000/2001 Fellow for Byzantine Studies at Dumbarton Oaks (Harvard University, Washington D.C.). In Halle hat Brands nicht nur eine intensive Tagungstätigkeit begonnen, sondern auch eine spannende Ausstellung zu antiken Textilien mit betreut[6].

Auch die Veröffentlichungen von Gunnar Brands dokumentieren sein nachhaltiges Interesse an der Baugeschichte vor allem der Spätantike im Osten des Reiches und einer Archäologie, die Ergebnisse der Bauforschung integriert: Aus seiner Teilnahme an den Ausgrabungen des Deutschen Archäologischen Instituts im syrischen Resafa, dem spätantiken Pilgerheiligtum des Soldatenheiligen Sergius (daher der spätantike Name Sergiupolis), während der Jahre 1989–1993 entstand eine Habilitationsschrift zur Bauornamentik der Stadt in ihrem nordsyrischen und mesopotamischen Kontext[7]. Diese Arbeit wird im Fach schon deswegen sehr geschätzt, weil es Brands (nach dem Neufund einer Inschrift) gelang, die Chronologie von Thilo Ulbert[8], des langjährigen Ausgräbers der Stätte, entscheidend zu korrigieren. Für die Erforschung der Religionsgeschichte der Spätantike besonders wichtig ist ein von ihm mitherausgegebener Band zur Christianisierung der spätantiken Stadt[9]. Er fügt sich gut zu einer ganzen Reihe anderer bedeutsamer, von Brands herausgegebener Sammelbände zu Fragen der Bauforschung und Baugeschichte[10].

Vielleicht war es nach so vielen Detailstudien zu wichtigen Ortslagen in Syrien, Südarabien und der Türkei nur konsequent, dass sich Gunnar Brands

---

6 *Verborgene Zierde. Spätantike und islamische Textilien aus Ägypten in Halle.* Ausstellungskatalog Stiftung Moritzburg, Kunstmuseum des Landes Sachsen-Anhalt, Halle 1.4–24.6.2007, hg. von Gunnar Brands und Anja Preiß (Halle/Saale: Stiftung Moritzburg, 2007).

7 Gunnar Brands, *Die Bauornamentik von Resafa-Sergiupolis. Studien zur spätantiken Architektur und Bauausstattung in Syrien und Nordmesopotamien*, hg. vom Deutschen Archäologischen Institut (Resafa VI; Mainz: Zabern, 2002).

8 Vgl. Thilo Ulbert, *Die Basilika des Heiligen Kreuzes in Resafa-Sergiupolis* (Resafa II; Mainz: Zabern, 1986).

9 *Die spätantike Stadt und ihre Christianisierung. Symposion vom 14. bis 16. Februar 2000 in Halle/Saale*, hg. von Gunnar Brands und Hans-Georg Severin (Spätantike – Frühes Christentum – Byzanz 11; Wiesbaden: Reichert, 2003).

10 Für eine ausführlichere Bibliographie vgl. http://www.orientarch.uni-halle.de/dept/staff/brands.htm (letzte Abfrage am 01.08.2016); vgl. beispielsweise: *Bautechnik der Antike.* Internationales Kolloquium in Berlin vom 15.–17. Februar 1990 veranstaltet vom Architekturreferat des Deutschen Archäologischen Instituts in Zusammenarbeit mit dem Seminar für Klassische Archäologie der Freien Universität Berlin, im Auftrag des Deutschen Archäologischen Instituts, hg. von Adolf Hoffmann, Ernst-Ludwig Schwandner, Wolfgang Hoepfner und Gunnar Brands (Diskussionen zur Archäologischen Bauforschung 5; Mainz: Zabern, 1991).

dann der großen Kaiserresidenz im Osten des Reiches zuwandte, die spätestens seit den großen amerikanischen Grabungen im frühen zwanzigsten Jahrhundert eher nicht mehr im Fokus von Archäologen stand, Antiochia am Orontes: Nach Bauaufnahmen in Burqus/Syrien, die von der Deutschen Forschungsgemeinschaft gefördert wurden, begann Brands erste Untersuchungen in Antiochia im Jahre 2004, gefördert durch Mittel der Fritz Thyssen Stiftung in Köln, bestens vorbereitet beispielsweise durch seine Beschäftigung mit Palastarchitekturen in der hellenistischen Welt[11]. Auch vor den jüngsten katastrophalen Entwicklungen in dieser Region stand die heute im äußersten Süden der Türkei gelegene Stadt an der türkisch-syrischen Grenze nicht im Fokus der Touristenströme, die Sommer für Sommer bis vor wenigen Jahren entweder im Süden der Türkei oder in Syrien Urlaub suchten. Da mit Ausnahme eines beeindruckenden Museums, in dem viele Mosaiken zu sehen sind, nur für fachkundige Besucher Überreste der antiken und spätantiken Stadt zu identifizieren sind, ist viel Phantasie verlangt, will man sich in der modernen Kleinstadt Antakya die antike Großstadt vorstellen. Angesichts der großen Relevanz der Stadt für die ganze Antike und insbesondere für die christliche Geschichte kommt den Forschungen von Brands eine große Bedeutung zu.

Neben diesen auf die Antike und Spätantike konzentrierten Forschungsschwerpunkten hat sich Gunnar Brands in den letzten Jahren auch mit der Wissenschaftsgeschichte seines eigenen Faches und sogar mit der Berliner Kirchengeschichte beschäftigt[12]. Was hätte also näher gelegen, als ihn um eine Hans-Lietzmann-Vorlesung zu bitten? Auch Lietzmann konzentrierte sich bei seinen archäologischen Arbeiten auf Fragen der Bauforschung, arbeitete mit Rom und Istanbul ebenfalls in zwei spätantiken Kaiserresidenzen und interes-

---

11 *Basileia – Die Paläste der hellenistischen Könige. Internationales Symposion in Berlin, 16.–20.12.1992*, hg. von Wolfgang Hoepfner und Gunnar Brands (Schriften des Seminars für Klassische Archäologie der Freien Universität Berlin; Mainz: Zabern, 1996).

12 Gunnar Brands, „Friedrich Wilhelm Deichmann und der frühchristlich-byzantinische Kirchenbau," in: *100 Jahre Kunstgeschichte an der Martin-Luther-Universität Halle-Wittenberg: Personen und Werke = Hallesche Beiträge zur Kunstgeschichte* 5/6 (2004): 129–150; *Adolph Goldschmidt (1863–1944). Normal Art History im 20. Jahrhundert*, Internationaler Kongreß vom 16. bis 19. Mai 2004 in Halle/Saale, hg. v. Gunnar Brands und Heinrich Dilly (Weimar: VDG Weimar, 2007); *Orient – Orientalistik – Orientalismus. Geschichte und Aktualität einer Debatte*, hg. v. Burkhard Schnepel, Gunnar Brands und Hanne Schönig (Postcolonial Studies 5; Bielefeld: transcript, 2011); *Lebensbilder. Klassische Archäologen und der Nationalsozialismus Bd. I, Menschen – Kulturen – Traditionen*, hg. v. Gunnar Brands und Martin Maischberger (Studien aus den Forschungsclustern des Deutschen Archäologischen Instituts 2/1; Rahden: Verlag Marie Leidorf, 2012) sowie ders., „Die Zionskirche in Berlin und der Orient," in: *Evangelische Kirche Berlin – Brandenburg – Schlesische Oberlausitz, Archivbericht* 16 (2006): 111–120.

sierte sich wie Gunnar Brands dabei nicht nur für Kirchen oder Paläste, sondern auch für Stadtmauern und Tore. Insofern lassen sich bei allen Unterschieden zwischen den Arbeitsweisen der archäologischen Wissenschaften damals und heute durchaus auch inhaltliche Linien zwischen Hans Lietzmann und dem Vortragenden der Lietzmann-Vorlesung ziehen.

Am Ende dieses Vorwortes steht wie auch in allen voraufgegangenen Heften ein sehr herzlicher Dank zu lesen: An Gunnar Brands dafür, dass er sein Manuskript zur Verfügung gestellt und so geduldig auf dessen Publikation gewartet hat – aufgrund eines Wechsels in der Herausgeberschaft und der zeitlichen Beanspruchung des verbleibenden Herausgebers ist die Reihenfolge der publizierten Vorlesungen etwas durcheinandergeraten und hat sich das Erscheinen deutlich verzögert[13]. Zum wiederholten Male ist die Publikation aber auch eine schöne Gelegenheit, dem Verlag De Gruyter und Albrecht Döhnert für ihre Unterstützung der Vorlesung und ihrer Publikation ganz herzlich zu danken. In Berlin und Jena konnten im Jahre 2012 viele Zuhörende ihre Neugier darauf stillen, wie langsam eine bedeutende antike Kaiserresidenz und christliche Bischofsstadt dem Schlamm des Orontes entrissen wird; nunmehr ist das auch allen möglich, die dieses schön gestaltete Heft zur Hand nehmen und darin lesen.

Neapel, im Sommer 2016 — Christoph Markschies

---

13 Eine Aufzählung von Vortragenden und Themen für die Jahre von 1995 an findet sich auf der Homepage der Jenaer Theologischen Fakultät, an der die Vorlesungsreihe begründet wurde: http://www.theologie.uni-jena.de/Lietzmann.html; eine Bibliographie der bislang erschienenen Bände auf der Homepage des Verlages: http://www.degruyter.com/view/serial/16148 (letzte Abfrage: 26.07.2016).

Inhalt

Vorwort — V

Antiochia in der Spätantike. Prolegomena zu einer archäologischen Stadtgeschichte

I Antiochia als Mythos und Problem — **1**
II Umbau: Die Tetrarchen und Konstantin — **7**
III Pläne: Julian und die „Stadt aus Marmor" — **15**
IV Ausbau: Valens und die Historisierung des Stadtbildes — **19**
V Erweiterung: Theodosius II. und das neue Südstadtviertel — **30**
VI Wiederaufbau: Justinian – Katastrophenbewältigung und Stadtbildpflege — **37**
Die militärische Infrastruktur — **41**
Wasserversorgung und Flutschutz: Das ‚Eiserne Tor' — **44**
Der innerstädtische Wiederaufbau — **45**
VII Stadt und Kunst — **58**
Der Kirchenbau — **58**
Antiochia und die bildenden Künste — **64**

Literaturverzeichnis — 73

Abbildungsnachweis — 87

Abbildungen — 89

Antiochia in der Spätantike. Prolegomena zu einer archäologischen Stadtgeschichte

Nessuno sa meglio di te, saggio Kublai, che non si deve mai confondere la città col discorso che la descrive. Eppure tra l'una e l'altro c'è un rapporto.
Italo Calvino, Le città invisibili (Torino 1972) 28 (Le città e i segni 5)

I Antiochia als Mythos und Problem

„Man muß Verständnis haben für jene, die Eltern und Heimat vergessen, gebannt von dem Zauber der Stadt, denn sie haben keine andere je gesehen, die ihr vergleichbar wäre und sie wissen, daß sie auch niemals zu einer solchen gelangen werden." Libanios (314–393) schrieb diesen Satz in der berühmten Rede auf seine Heimatstadt Antiochia am Orontes, dem sogenannten *Antiochikos*, kurz nach der Mitte des 4. Jahrhunderts[1]. Sein Landsmann Ammianus Marcellinus (330–395/400) nennt Antiochia „*Orientis apicem pulchrum*", die schöne Krone des Ostens, und sein Zeitgenosse Johannes Chrysostomos (344/349–407) lässt, wenn auch vielleicht widerwillig, durchblicken, wie stolz die Antiochener darauf waren, in einer Stadt von der Größe und dem Komfort der Metropole zu leben[2]. Was auf den ersten Blick wie die recht persönliche, lokalpatriotisch gefärbte Meinung einzelner antiochenischer Bürger klingt, erweist sich bei näherem Hinsehen als Auffassung, die in Kaiserzeit und Spätantike fast ein Allgemeinplatz war.

Zu Beginn der Epoche, die wir gemeinhin als Spätantike bezeichnen, war Antiochia eine Stadt mit einer für orientalische Verhältnisse relativ kurzen, gerade einmal sechshundertjährigen Geschichte. Um 300 v. Chr. gegründet, fungierte sie seit der Mitte des 3. Jahrhunderts v. Chr. als Sitz der seleukidischen Könige. Begünstigt von Lage und naturräumlichen Rahmenbedingungen entwickelte sie sich rasch zu einem, wenn nicht *dem* politischen, ökonomischen und kulturellen

1 Lib., or. 11, 271 (tr. Fatouros – Krischer). Zur Datierung des *Antiochikos* in das Jahr 356 vgl. Fatouros – Krischer 1992, 9; Wiemer 2003, 442–445.

2 Amm. 22, 9, 14. – Johannes Chrysostomos (Ioh. Chrys., Ad populum Antioch. hom. 17, PG 49, 179) schränkt allerdings ein, dass die Würde der Stadt nicht in ihrem – vergänglichen – Bautenbestand begründet liege, sondern in dem Umstand, dass der Begriff „Christen" in Antiochia geprägt worden sei, in ihrer Nächstenliebe und der Bewahrung der wahren Lehre. – Ausonius (urb. 4. 5) listet Antiochia in seinem *Ordo Urbium Nobilium* nach Rom, Konstantinopel/Karthago zusammen mit Alexandria an dritter Stelle.

Zentrum der römischen Levante[3] (Abb. 1–3). Lange schon militärischer Etappenort, wurde Antiochia seit dem Ende des 3. Jahrhunderts n. Chr., nicht zuletzt wegen ihrer Nähe zur persischen Front, Kaiserresidenz. Im 4. und 5. Jahrhundert erlebte die Stadt einen nochmaligen demographischen und ökonomischen Aufschwung, der sie neben Konstantinopel, Rom und Alexandria zu einer der größten Metropolen des spätantiken Imperiums werden ließ. Selbst durch eine Reihe von Naturkatastrophen und militärischen Desastern war die Stadt nicht endgültig in die Knie zu zwingen. Ihr Ruf war so nachhaltig, dass die Perser, die die Stadt im 3. und 6. Jahrhundert mehrfach eroberten, mit den deportierten Einwohnern wiederholt ein ‚persisches Antiochia' gründeten. Der Wunsch, die Stadt nicht nur *einzunehmen*, sondern regelrecht und dauerhaft zu *vereinnahmen*, kommt in den Namen dieser Neugründungen deutlich zum Ausdruck[4].

Die Sonderrolle, die Antiochia seit alters her unter den Städten des Reiches beanspruchte, schlägt sich in einer kaum überschaubaren literarischen Überlieferung nieder. Die Eigenart der spätantiken Stadt wurde vielfach beschworen, von Historikern wie Ammianus Marcellinus, der in der zweiten Hälfte des 4. Jahrhunderts schrieb, oder von Johannes Malalas (um 490 – nach 570), einem Chronisten syrischer Herkunft, der zur Zeit Justinians, bis etwa 540, in Antiochia lebte und eine bis 563 reichende Weltchronik verfasste, die sich auf zahlreiche ältere Quellen stützt. Stadtgeschichtlich noch bedeutender ist das Werk des eingangs bereits erwähnten antiochenischen Redners und Politikers Libanios (314–393). Der berühmteste und ausführlichste Tribut an die Stadt ist Libanios' elfte Rede, der 356 entstandene *Antiochikos*, in der er seine Heimatstadt eindringlich gewürdigt hat. In Anlehnung an eine berühmte Rede Thomas Manns könnte man den *Antiochikos* auch „Antiochia als geistige Lebensform" betiteln[5]. Denn in der Rede geht es – bedauerlicherweise – nicht in erster Linie um die äußere Gestalt der Metropole, um Baulichkeiten, sondern um das große Ganze, um die Einstellung und Lebensart des Antiocheners, wie sie aus Mythos und Herkunft sowie der gestalteten Umwelt resultieren.

So wichtig diese und andere Schriftquellen sind, wenn es um die kulturelle Identität Antiochias und ihre politische Rolle geht, so wenig ergiebig sind sie

---

3 Zum hellenistischen Antiochia zusammenfassend Brands 2010.

4 Zu den persischen Einnahmen der Stadt zwischen 256 und 260 vgl. Downey 1961, 252–261. Mit den Deportierten soll Sapor I. die verfallene Siedlung Gondisapor erneuert und „Das bessere Antiochia des Sapor" genannt haben. Ähnliches wird von Chosrau I. nach der Eroberung Antiochias im Jahr 540 berichtet, der in der Nähe der Residenzstadt Ktesiphon das „Antiochia des Chosrau" gegründet haben soll (Downey 1961, 533–546, bes. 545), das Prokop (Pers. 2, 14, 1–2) zufolge eine Thermenanlage und einen Hippodrom besessen hat.

5 Mann 1968, 177–194.

häufig für die dingliche Rekonstruktion der Stadt. Immerhin wird bei der Lektüre bereits deutlich, dass das spätantike Antiochia zwar eine attraktive und lebenswerte Metropole, keineswegs aber, wie man bisweilen liest, eine ‚historische Stadt' im engeren Sinne gewesen ist, voll von Bauten, die in die Gründerzeit zurückreichen, gewissermaßen ein Museum der eigenen Geschichte. Das gibt selbst der heimatstolze Libanios verschiedentlich zu erkennen. So beklagt er in der im März 363 verfassten 15. Rede gegenüber dem Kaiser Julian, dass er in einer Stadt ohne stattliche Bauten leben müsse (κάλλη μὲν ἡμῖν οὐκ ἔστιν οἰκοδομημάτων)[6]. Der Eindruck wurde offenbar von nicht wenigen Antiochenern des mittleren 4. Jahrhunderts geteilt, „die meinen, sie (sc. die Stadt) habe ihren einstigen Glanz verloren"[7].

Libanios führt das einerseits auf die kriegsbedingten Zerstörungen des 3. Jahrhunderts, an anderer Stelle vor allem auf Erdbebenschäden zurück[8]. Das ist wohl auch der ausschlaggebende Grund dafür, dass Libanios – abgesehen von Heiligtümern, die er teils in mythische Vorzeit, teils in die hellenistische Gründerphase setzt[9] – im *Antiochikos* fast nur nachperserzeitliche Neubauten erwähnt. Man könnte daraus auf den ersten Blick einen gewissen Stolz auf die „Nach-

6 Lib., or. 15, 16. Ersatzweise tröstet Libanios sich und den Kaiser mit der hervorragenden Grundgüterversorgung, dem internationalen Charakter der Stadt und ihrer Besucher, darunter Kaiser und Militärs, unterschiedlichsten Werkstätten und Handel, einer herausragenden Wasserversorgung, der Lage am Fluss, dem ausgeglichenen Klima und einer fruchtbaren Umgebung. Eine sehr ähnliche Einschätzung wird in or. 19, 51, erneut unter Ausklammerung von städtischen Bauten, wiederholt. – Zu Julian und seinen Antiochiaplänen s. u.

7 Lib., or. 11, 131 (tr. Fatouros – Krischer 1992).

8 Im *Antiochikos* (or. 11, 228) heißt es, die Stadt wäre um ein Vierfaches größer, wären da nicht drei große Erdbebenkatastrophen gewesen (Fatouros – Krischer 1992, 243 f. Anm. 308), die ihre Entwicklung gehemmt hätten. Deshalb stoße man bei Bauarbeiten auch immer wieder auf ältere Bauten, deren Überreste nicht selten für Neubauten genutzt würden. Norris 1990, 2377 f. nennt das anmutig gelegene, ressourcenreiche Antiochia „an Eden on the fringe of hell".

9 Ob und inwieweit die ebenfalls erwähnten hellenistischen Profanbauten zu Lebzeiten des Libanios noch existierten, geht aus den Beschreibungen nicht hervor. Ebenso muss offen bleiben, ob die von Malalas genannten hellenistischen Bauten (z. B. das von Antiochos IV. errichtete Bouleuterion und „verschiedene Tempel": Ioh. Mal., Chron. 155, 78–83 [8, 21]; 178, 36–38 [10, 9]) in der Spätantike noch sichtbar waren. – Andere hellenistische Großbauten, wie der Arestempel, die noch im späten 1. Jh. v. Chr. erhalten waren, sind zwar schon in der frühen Kaiserzeit zugrunde gegangen (der Arestempel in einem Erdbeben unter Claudius: vgl. Downey 1961, 632 f.), wurden aber offenbar wiedererrichtet: Der umgewidmete Arestempel wurde von Valens in sein Forumsprojekt (s. u.) integriert. Das gleiche gilt für den, wahrscheinlich seleukidischen, Athenatempel (Downey 1961, 632–640) und einige andere Sakralbauten. – Ob mit den von Libanios (or. 11, 221) erwähnten Wohnhäusern „in der maßvollen Bauweise vergangener Zeiten" hellenistische oder kaiserzeitliche Bauten gemeint sind, bleibt offen. Noch heute sichtbar sind als Zeugnisse hellenistischer Bautätigkeit das Charonion und die Polygonalmauern am Staurinhang (s. u. Anm. 120).

kriegsmoderne“ herauslesen. Indes schwingt im *Antiochikos* eine gewisse trotzige Sentimentalität mit, wenn Libanios abschließend räsoniert, dass manch andere Stadt Antiochia zwar an Gebäuden überlegen sei, nicht aber hinsichtlich Klima, Wasserreichtum, Gesittung der Bürger und Pflege der Weisheit[10]. Tatsächlich kommt Libanios in den über 270 Abschnitten seines teilweise ermüdend langen Stadtlobs gar nicht erst auf den Gedanken, seine Stadt als Konglomerat von historischen Bauwerken zu beschreiben, um der Anciennität, auf die er mit seinem ausgiebigen Rekurs auf den Mythos und die zu diesem Zeitpunkt fast völlig in Vergessenheit geratene und auch baulich kaum noch präsente hellenistische Gründerzeit[11] besonders abhebt, auf diese Weise Nachdruck zu verleihen.

Auch sein Zeitgenosse Ammianus Marcellinus, ebenso heimatverbunden, aber offensichtlich etwas weniger sentimental, spricht von Antiochia nur als der „weltberühmten Stadt, mit der sich keine andere vergleichen lässt, was den Überfluss an importierten und einheimischen Waren angeht“[12]. Ammianus bleibt ganz in diesem Bild der vitalen Wirtschaftsmetropole, wenn er als städtisches Highlight lediglich die Straßenbeleuchtung der Metropole erwähnt[13]. Auch hier also, mit Ausnahme des außerstädtischen Apollontempels von Daphne, kein Wort über historische Bausubstanz. Man wird aus all dem den Schluss ziehen müssen, dass es im mittleren 4. Jahrhundert kaum noch einen größeren Altbaubestand gab, auf den man als Kronzeugen für Alter, Schönheit und Reichtum der Stadt verweisen konnte.

Antiochia dürfte also, als Libanios schrieb, vielmehr so ‚historisch‘, das heißt hellenistisch oder früh- und hochkaiserzeitlich gewesen sein, wie Dresden heute barock ist – genaugenommen eigentlich aber wohl weniger, weil es eine Denkmalpflege nach heutigem Verständnis – man möchte hinzufügen: vielleicht glücklicherweise – im 4. Jahrhundert, und auch sonst in der Spätantike, nicht oder nur ausnahmsweise gab und der Stadt eine historisierende Wiederaufbaupraxis im Sinne der heute gängigen Kulissenarchitektur weitgehend erspart blieb. ‚Wiederaufbau‘ fand wohl zumeist in stark verändernder Form statt. Davon berichtet beispielsweise Evagrius, wenn er im Zusammenhang mit dem Erdbeben

10 Lib., or. 11, 270.

11 Wiemer 2003. Dort auch zu den Gründen dafür, dass der Leser über das römische Antiochia wenig erfährt.

12 Amm. 14, 8, 8 (*Antiochia, mundo cognita civitas, cui non certaverit alia advecticiis ita affluere copiis et internis*).

13 Amm. 14, 1, 9. – Die Erwähnung eines Theaters, das bei der persischen Eroberung eine Rolle spielte, ist anekdotisch (Amm. 23, 5, 3), und das gilt auch für den zeitgenössischen kaiserlichen Palast, der nur en passant genannt wird (Amm. 14, 1, 6).

von 447 schreibt, dass „die Gebäude ihr Aussehen aufgrund der mannigfachen Unglücksfälle verändert haben“[14].

Antiochia bot im 4. Jahrhundert baulich also offenbar das Bild einer utilitaristischen Wirtschaftsmetropole, das durch die biedere Gemütlichkeit einiger historischer oder historisierender Bauten und einiger Straßenzüge gemildert wurde, die zufällig den Zerstörungen entgangen waren – ein spätantikes Frankfurt am Main.

Dieser Exkurs war wichtig, weil mit ihm eine Besonderheit Antiochias beschrieben wird, die eine Annäherung an die spätantike Stadt und ihr Aussehen in besonderer Weise erschwert. Denn die Baugeschichte Antiochias muss in noch stärkerem Maße als die anderer antiker Städte als Geschichte eines beständigen Wiederaufbaus begriffen werden. Damit sind nicht in erster Linie die Auswirkungen eines normalen Stadtumbaus gemeint, wie er durch Abnutzung, Vernachlässigung und Umnutzung von Bauten verursacht wird, aber in einer Handelsmetropole wie Antiochia auch durch wirtschaftliche Prosperität und demographisches Wachstum, durch Bodenspekulation und ein sicher nicht immer behutsames Mäzenatentum. Vielmehr erlebte die Stadt – „an Eden on the fringe of hell“[15] – in der Spätantike zahlreiche schwere Erdbeben und Feuersbrünste[16], ungezählte Überschwemmungen, mehrere Pestepidemien[17] und zwei folgenschwere persische Eroberungen, die Antiochia zu einem Fall für einen permanenten und wohl nur selten mit denkmalpflegerischer Sorgfalt betriebenen Wiederaufbau werden ließen.

Unter diesen Voraussetzungen mag sich ein spürbarer Wandel des städtischen Gefüges, nicht anders als heute, innerhalb von nur einer oder zwei Generationen vollzogen haben, wenn auch oft entlang etablierter urbanistischer Leitlinien, wie etwa dem Verteidigungssystem und dem Straßennetz, von denen noch ausführlicher die Rede sein wird. Dass Antiochener des 4. und die des 6. Jahrhunderts dieselbe Stadt sahen, ist jedenfalls mehr als unwahrscheinlich, so wenig wie das Berlin des 18. und des späten 20. Jahrhunderts dasselbe Gesicht hat. Und ebenso naheliegend ist, dass der kurz nach der Mitte des 4. Jahrhunderts geschriebene

---

14 Evagr., HE 1, 18.

15 s. o. Anm. 8.

16 Vgl. Meier 2003, 345–357. – Liste der Erdbeben in Antiochia: Hermann 1962, 1104–1112. Brandkatastrophen: Downey 1961, 744 (Index s. v. fires).

17 Derartige Epidemien und Pandemien konnten ganze Regionen für Jahrzehnte stark in Mitleidenschaft ziehen und das dürfte nicht unerhebliche Auswirkungen auf Stadtentwicklung und Bauerhalt gehabt haben. Vgl. zusammenfassend und mit älterer Lit. Meier 2005 sowie die Aufsätze in Little 2007. – Zu den Unsicherheiten in Hinsicht auf die demographischen Auswirkungen derartiger Epidemien Ward-Perkins 2000, 321–324; Meier 2005, 93–96; Brandes 1989, 181–188.

Antiochikos für die Bewohner des justinianischen Antiochia nur bedingt als Stadtführer tauglich war – wenn denn überhaupt je. Kurz gesagt: Es gibt nicht *ein* spätantikes Antiochia, sondern nur mehrere spätantike Stadtzustände, für die der verallgemeinernde Epochenbegriff „Spätantike" wenig taugt und die sich nicht der ganzzahligen Mathematik von Jahrhunderten unterordnen.

Ungeachtet all dieser Schwierigkeiten hat die Faszination, die die Stadt auf die Nachwelt ausübt, unvermindert angehalten. Die antiken Beschreibungen und Werturteile scheinen bis heute nachzuwirken. Antiochia galt auch späteren Generationen, sicher nicht zuletzt wegen ihrer Bedeutung für die Geschichte des Christentums, als ein geradezu mythischer Ort, der noch Kreuzfahrer und neuzeitliche Forschungsreisende gleichermaßen inspirierte. Zahlreiche Darstellungen der Stadtgeschichte, bis hin zu dem bahnbrechenden Werk Glanville Downeys[18], haben das Bild einer Metropole ohnegleichen entstehen lassen, das auch für die Archäologie prägend wurde[19]. Freilich macht man sich nicht recht bewusst, dass dieses Wissen ausschließlich, oder doch sehr weitgehend, aus literarischen Quellen stammt – und diese, wie nicht anders zu erwarten, keineswegs unisono sprechen[20]. Demgegenüber bietet die Archäologie bislang kaum mehr als ein Aperçu zum kaiserzeitlichen und spätantiken Antiochia.

An dieser unbefriedigenden Situation haben auch die großangelegten amerikanisch-französischen Untersuchungen, die von 1932 bis 1939 in Antakya stattfanden, wenig ändern können. Das Lamento über die unsystematischen, chronologisch wenig aussagekräftigen und unvollständig publizierten Ausgrabungen setzte bereits frühzeitig ein und ist bis heute nicht völlig verstummt[21]. Eine gewisse Abhilfe können die zwischen 2004 und 2009 durchgeführten deutsch-türkischen Untersuchungen in Antakya schaffen, die topographisch ausgerichtet waren und, anders als die franko-amerikanische Unternehmung, zunächst auf die Erfassung des erhaltenen Bautenbestandes zielten[22]. Aussichtsreich erscheint vor allem, wie

---

18 Downey 1961.

19 Und das, obwohl Downeys Buch archäologisch wenig zu bieten hat. Zu Recht kritisch Bowersock 1994, 424 („Much of Downey's great history of Antioch, written and published long after the excavations were terminated, could have been written before they began").

20 Zur Quellenlage bereits kritisch Downey 1961, 6.

21 Vgl. Kennedy 1992, 185; Kolb 1996, 105; Sartre 2000, 492; Brands 2010, 1 f.

22 Die Unternehmung der Martin-Luther-Universität Halle-Wittenberg und der HTWK Leipzig fand in Kooperation mit der Mustafa-Kemal-Üniversitesi Antakya statt. Arbeitsberichte und vorläufige Ergebnisse wurden von Pamir – Brands 2006; Brands – Meyer 2006; Pamir – Brands 2007; Pamir u. a. 2008; Pamir u. a. 2009; Pamir 2011 vorgelegt. Die Abschlusspublikation der Unternehmung, herausgegeben von Gunnar Brands und Ulrich Weferling, ist in Vorbereitung.

eine jüngst durchgeführte Studie gezeigt hat, auch eine Reevaluierung der älteren Grabungsdokumentation[23].

Zu einer Entwicklungsgeschichte Antiochias in der Spätantike, das heißt einer Darstellung der unterschiedlichen Stadtzustände in dem Zeitraum zwischen 300 und 650, fehlen vorerst also wichtige Voraussetzungen. Unter diesen Umständen wäre es riskant, allzu detaillierte archäologische Miniaturen zu entwerfen, wie sie etwa für das tetrarchische und konstantinische Rom oder Konstantinopel im 5. und 6. Jahrhundert zumindest in Ansätzen möglich sind[24]. Es kann an dieser Stelle nur darum gehen, einigen Stationen der spätantiken Stadtentwicklung nachzugehen, die um Stadtumbau, Stadterweiterung und Stadterneuerung kreisen und damit bedeutend genug sind, archäologisch *und* literarisch fassbar zu werden. Sie führen in die Jahre um 300, die zweite Hälfte des 4. Jahrhunderts, also in das Antiochia Julians und seines Chronisten Libanios, in das boomende Antiochia unter Theodosius II. (408–450) und in die Katastrophenjahrzehnte im zweiten Viertel des 6. Jahrhunderts[25].

II Umbau: Die Tetrarchen und Konstantin

Nach den politischen Erschütterungen des 3. Jahrhunderts setzte man mit der Konsolidierung durch die Herrscher der Tetrarchie auf eine Neuformulierung der alten kaiserzeitlichen Erinnerungskultur, nicht zuletzt durch eine gezielte Baupolitik, die inhaltlich konservativ, baulich aber keineswegs unmodern ausfiel. Neben Monumenten, die an die alten römischen Traditionen anknüpfen sollten, ging es darum, selbstbewusste neue Identitäten zu stiften, die zugleich einen

23 Die Grundlage für die folgende Darstellung bietet neben der einschlägigen, in den Fußnoten genannten Literatur vor allem das Antioch Archive der Princeton University (im Folgenden: PUAA). Dort findet sich die gesamte schriftliche Grabungsdokumentation der Kampagnen 1932 bis 1939, die für die Beurteilung der einzelnen Grabungsplätze von ausschlaggebender Bedeutung ist. Einige der hier vorgestellten Ergebnisse beruhen auf der Auswertung unpublizierten Materials aus dem Antioch Archive, in einigen Fällen auch auf der des diagnostischen Keramik- und Münzmaterials aus den Grabungen, die im Princeton University Art Museum (PUAM) und der Firestone Library aufbewahrt werden. Die Zusammenführung des Fundmaterials und der Ausgrabungsdokumentation war das Ziel einer ‚Pilot Study', die als Gemeinschaftsprojekt der Princeton University und der Martin-Luther-Universität Halle-Wittenberg 2011/2012 mit freundlicher Unterstützung des Hellenic Studies Program durchgeführt wurde. Die ‚Pilot Study' hat sich als Machbarkeitsstudie zunächst dem Quadranten 17-O gewidmet. Zu ersten Ergebnissen vgl. Eger 2013. Die Publikation der mittlerweile abgeschlossenen Studie ist in Vorbereitung.

24 Vgl. z. B. Bauer 1996; Bauer 2012.

25 Zur Geschichte der Stadt in der Spätantike und in byzantinischer Zeit vgl. Todt – Vest 2014.

Eindruck von den neuen politischen Verhältnissen vermitteln sollten. Dazu gehörte, dass Rom seine beherrschende Position einbüßte, als die tetrarchischen Kaiser dazu übergingen, die Reichsverwaltung mithilfe einer Vielzahl von Residenzen dezentral auszuüben. Die neuen Herrscher versuchten an ihren neuen Wirkungsorten, ihre Rolle im System glaubhaft und zugleich publikumswirksam zu veranschaulichen: Großangelegte Bauvorhaben schufen die Bühne für neue Rituale. Kaum eine Stadt im römischen Osten hat von Gründung und Ausbau der neuen *sedes imperii* so profitiert wie Antiochia, das bis weit in das 4. Jahrhundert hinein der bevorzugte Herrschersitz im Osten war.

Das prominenteste Bauvorhaben des neuen Regimes war der zuerst von Libanios erwähnte „kaiserliche Palast“[26] auf der ‚Orontesinsel‘ (seit dem Hellenismus auch als ‚Neustadt‘ bezeichnet) im Norden der Stadt[27]. Er ist ein wesentlicher Bestandteil der Umgestaltung Antiochias zur *sedes imperii* im Zuge der tetrarchischen Reichsreform.

Auch wenn die ‚Neustadt‘ bereits überwiegend großflächige öffentliche Bauten aufwies und insgesamt dünn besiedelt gewesen sein sollte, stellte diese für alle *sedes imperii* charakteristische Neustrukturierung des öffentlichen Raumes selbst für eine Stadt von der Größe Antiochias einen enormen Umbruch dar; auch Libanios beschreibt den Palast als eigenes Viertel. Wie in anderen tetrarchischen Residenzstädten, etwa in Nikomedia[28], brachte der Stadtumbau gravierende städtebauliche Veränderungen mit sich. So ist im Fall Antiochias nicht auszuschließen – und letztlich durchaus plausibel –, dass bestehende Stadtviertel, darunter auch historische Bebauung, den neuen kaiserlichen Großbauvorhaben weichen mussten, doch lässt Libanios darüber nichts verlauten. Aufs Ganze gesehen gehört die neue Residenz, die möglicherweise eine in das mittlere 3. Jahrhundert zurückreichende Vorgängerbebauung nutzte[29], zu den wenigen

26 Lib., or. 11, 205–207 (βασίλεια), bei Ioh. Mal., Chron. 236, 85–86 (12, 38) als παλάτιον μέγα bezeichnet. Zum problematischen Begriff „Palast“ vgl. Mayer 2002, 40–42; Wilson 2011, 85–87.

27 Zusammenstellung der einschlägigen Quellen bei Downey 1961, 318–323. Vgl. auch Downey 1953; Saliou 2009. Zur Beschreibung des Libanios: Fatouros – Krischer 1992, 232–234 Anm. 275–277. – Downey 1961, 318. 321 favorisiert eine Datierung vor 298, auf der Grundlage der Darstellung auf dem Galeriusbogen, in der er die auf den Palast von Antiochia zuführenden Kolonnadenstraßen erkennen möchte. Auch wenn es naheliegt, das dargestellte Opfer in Antiochia zu lokalisieren, ist seine Annahme nicht zwingend (s. u. Anm. 38).

28 Vgl. Mayer 2002, 29–31.

29 Aufgrund der Malalas-Passage wird in der Forschung von einem Vorgängerbau, oder den Vorarbeiten dazu, unter Gallien oder Valerian (so Downey 1961, 259–261; 317–323) ausgegangen (zusammenfassend Fatouros – Krischer 1992, 232 Anm. 275). Ein solcher Bau würde grundsätzlich in die Wiederaufbauphase nach den Persereroberungen zwischen 256 und 260 passen, doch lässt die kurze Notiz bei Ioh. Mal., Chron. 236, 85–86 (12, 38) offen, ob es sich bei den „Fundamenten“

Baukomplexen, die Libanios im *Antiochikos* nicht nur auflistet, sondern in gewissem Umfang beschreibt.

Nach Libanios nahm die Residenz ein Viertel der Gesamtfläche der als rund charakterisierten ‚Insel' ein und lag in deren Westhälfte. Es darf davon ausgegangen werden, dass das Palastareal zwischen Hippodrom und Orontesufer zu suchen ist. Dafür sprechen neben den Schriftquellen[30] auch bislang noch nicht näher ausgewertete Grabungsergebnisse aus den frühen 1930er-Jahren[31]. Der Zugang zur Residenz erfolgte Libanios zufolge über den kurzen Arm einer Straßenkreuzung, deren übrige Arme auf die Befestigungsmauern der ‚Neustadt' zuliefen. Downeys Vorschlag für diese Anbindung (Abb. 1)[32], der auf dem Vorbild des Diokletianspalastes von Spalato beruht (Abb. 5), ist bestechend, missachtet aber alle archäologisch nachgewiesenen Bauten in diesem Areal[33], und kann deshalb in der vorgeschlagenen Form nicht zutreffen, außer man nimmt an, dass die von Downey rekonstruierte Erschließung schon in der zweiten Hälfte des 4. Jahrhunderts, als Libanios schrieb, nicht mehr existierte.

Denkbar, wenn nicht wahrscheinlich, ist vielmehr, dass der Zugang zur Residenz von der Ostseite her erfolgte[34] und in dem bebauungsfreien Raum zwischen ‚Atrium House' und Hippodrom zu suchen ist. In diesem Areal liegt eine Ost-West verlaufende Achse, die – und deren Parallelstraßen – luftbildarchäologisch

---

(θεμελίους) aus dem 3. Jh., die bei den tetrarchischen Bauarbeiten angetroffen wurden, um Teile einer Residenz handelte.

30 Theod., HE 4, 26 berichtet von der orontesseitigen Front des Palastes, die eine turmflankierte Säulenhalle im Obergeschoss (στοὰ μεγίστη) aufgewiesen habe, von dem aus sich der Kaiser Valens mit dem Mönch Aphraates unterhält. Diese Westseite scheint mit der Stadtmauer im Verbund gestanden zu haben (zur Datierung der Kirchengeschichte des Theodoret in die Jahre zwischen 444 und 450 vgl. Leppin 1996, 281 f.). Im Zusammenhang mit dem Palast erwähnt Evagr., HE 2, 12 die Zerstörung von Portiken in der Umgebung der Residenz, des Tetrapylon und von Teilen des Hippodrom. Die Schilderung legt nahe, dass Hippodrom und Palast in einem topographischen Kontext zu sehen sind.

31 PUAA, Director's Report 1935, 12 (unpubliziert).

32 Der zuerst in der Monographie von Morey 1938, 17 (Zeichnung D. Wilber) erschienene und von Downey 1961, Taf. 11 durch Beischriften ergänzte Stadtplan bildet ungeachtet seiner seit längerem bekannten Mängel (Poccardi 1994) die Grundlage für zahllose Adaptionen in der Wissenschaftsliteratur.

33 Bei den Bauten, die von Downeys Straßenkreuz überschnitten werden, handelt es sich um: ‚Hippodrome B'/‚Byzantine Stadium' (Antioch I, 32 f.; spätes 5./frühes 6. Jh.?), ‚Bath C' (Antioch I, 19–31; 2. Hälfte 4. Jh.?) und ‚Bath D' mit anschließendem, aber nicht zugehörigem Peristylhof (1933 ausgegraben, beide unpubliziert. Schenck 1937 datiert das Mosaik aus dem Peristylhof im Wesentlichen aus stilistischen Gründen in das 2.–4. Jh., Levi 1947, 285–289. 626 in die 2. Hälfte des 4. Jhs.).

34 So dachte sich bereits Müller 1839, Taf. A den Zugang zum Palast.

nachgewiesen ist[35] und sich noch heute im Gelände abzeichnet (Abb. 4). Knapp nördlich des ‚Atrium House' trifft sie auf die Nord-Süd verlaufende Hauptstraßenachse der ‚Insel', die – anders als in Downeys Stadtplan, in dem die Straße mittig auf den Hippodrom trifft – an seiner Ostflanke entlangstreicht[36] und mittels einer Brücke, von der in den 1930er-Jahren Reste nachgewiesen werden konnten[37], die Verbindung zum nördlichen Umland herstellte. Diese Straßenachse bildet die östliche Begrenzung des aus Residenz und Hippodrom bestehenden Palastkomplexes. Im Bereich der am Südrand des Hippodrom gelegenen Straßenkreuzung wäre dementsprechend der Standort des Tetrapylon zu suchen, das Libanios erwähnt[38]. Wie in Thessaloniki (Abb. 6) hätten Bogenmonument (historisches Kaiserlob) und Hippodrom (aktuelle Kaisererfahrung) damit einen engen räumlichen Bezug aufgewiesen.

Über das Innere des Palastes wissen wir nichts. Die Beschreibung des Komplexes, wenn man denn Libanios' nichtssagende Angaben als solche gelten lassen will, gibt für das Verständnis der räumlichen Organisation der Residenz wenig her[39]. In dieser Situation hat Libanios' Mitteilung, dass der Zugang zum Palast vom kurzen Arm einer Säulenstraße aus erfolgte und diese Kreuzung durch ein Tetrapylon gekennzeichnet war, zu der Annahme geführt, dass die Anlage dem diokletianischen Altersruhesitz in Spalato gleicht (Abb. 5). Downey rekonstruiert die Anlage folglich als ein von einem Straßenkreuz gegliedertes, regelmäßiges

---

35 Poccardi 1994, bes. 999 Abb. 3 a. b und 1022 Abb. 9; Leblanc – Poccardi 1999, 91–126 Abb. 7 und 7'. – Ost-West verlaufende Straßen wurden schon im Zusammenhang mit der Ausgrabung von ‚Bath C' nachgewiesen (Antioch I, 20 f.).

36 Ihre Existenz konnte zusätzlich durch unsere Messungen nachgewiesen werden (unpubliziert).

37 PUAA (unpubliziert). In Downeys Plan kommt diese Brücke, die seine Straßenführung als unzutreffend entlarvt, bezeichnenderweise nicht vor.

38 Lib., or. 11, 204. – Zum Bau Mühlenbrock 2003, 258–261. Bei dem Monument könnte es sich nach Ansicht der Forschung um ein reliefiertes Tetrapylon nach Art des Galeriusbogens in Thessaloniki gehandelt haben. Auf dem dortigen Kaiseropferrelief ist nach allgemeinem Dafürhalten die zur Residenz führende Kolonnadenstraße von Antiochia abgebildet (vgl. Laubscher 1975, 57 [Fries B I 17]). Obwohl wahrscheinlich ist, dass der dargestellte Vorgang tatsächlich in Antiochia angesiedelt werden muss, ist die Darstellung der Kolonnadenarchitektur für die Rekonstruktion des antiochenischen Palastes nicht aussagekräftig.

39 Lib., or. 11, 207. Das ist umso erstaunlicher, als Libanios als Magistrat und Vertrauter des Kaisers Julian eigentlich intimere Kenntnisse der Anlage zugetraut werden dürfen. Seine Angabe, dass der Palast Gegenstand einer eigenen Rede sein müsse, wolle man ihn in vollem Umfang würdigen, ist wohl topisch zu verstehen; jedenfalls hat Libanios das Thema andernorts nicht mehr aufgegriffen. – Zum Verhältnis von Julian und Libanios mit weiterer Lit. Wiemer 1995, 1. 14–68.

Geviert (Abb. 1)[40]. Eine Bestätigung für diese Annahme findet Downey bei Libanios und Theodoret, die von einer Säulenportikus an der Flussseite der Residenz berichten[41]. In ihr sieht die Forschung eine Parallele zur meerseitigen Front des Palastes von Spalato, und aus dieser Analogie wird die Gewähr bezogen, dass auch das Innere der antiochenischen Residenz nach Art des Palastes von Spalato organisiert war. Dass die zum Orontes gerichtete Palastfassade von Antiochia im Obergeschoss eine, nach Theodoret zweistöckige, Portikus aufwies, ist ohne Weiteres glaubhaft, da zahlreiche Villenanlagen bereits seit republikanischer Zeit einen solchen Prospekt besaßen[42]. Und ebenso nahe liegt, dass die innerstädtische Residenz in Antiochia, ähnlich wie Spalato[43], allein schon aufgrund ihrer schutzbedürftigen Lage am Stadtrand befestigt war[44]. Daraus auf Analogien auch im Bereich der Binnengliederung zu schließen, verbietet sich indes aus verschiedenen, nicht zuletzt methodischen Gründen. Denn zum einen ist der Diokletianspalast wohl nicht lange vor 298 begonnen worden[45], und damit etwa zu der Zeit, als die Residenz in Antiochia bereits vollendet war. Und zum anderen ist Spalato keineswegs eine idealtypische Palastarchitektur, deren Nachahmung sich in anderen Residenzen gewissermaßen aufdrängte. Vielmehr handelt es sich um einen Altersruhesitz, der – das scheinen die jüngsten Forschungen anzudeuten – eine lediglich den Bedürfnissen des kaiserlichen Pensionärs angepasste, das heißt zu Wohnzwecken umgewidmete militärische Textilmanufaktur (*gynaeceum*) gewesen sein könnte[46]. Den Sonderfall Spalato und sein Planungsprinzip auf die

---

40 Downey 1961, 318–323. 643–647 Abb. 11 (so bereits auf dem Plan von D. Wilber in: Morey 1938, 17). Wie sich dies mit der Angabe von Lib., or. 11, 207 verträgt, dass der Komplex eine labyrinthische Raumstruktur aufwies, erörtert Downey nicht.

41 Lib., or. 11, 206. Nach Theod., HE 4, 26, 1 f. war sie zweistöckig und turmflankiert. Vgl. zusammenfassend Fatouros – Krischer 1992, 233 Anm. 276.

42 Förtsch 1993; Dunbabin 1978, Taf. 43 Abb. 109 (Tunis, Dominus-Iulius-Mosaik); Taf. 44 (Tabarka). – Auch auf dem Yakto-Mosaik erscheinen Bauten mit einer solchen Loggia, doch besteht kein begründeter Anlass, in ihnen eine Darstellung des Palastes zu sehen (Fatouros – Krischer 1992, 233 f. Anm. 277).

43 Spalato wird überwiegend als befestigte Villa beziehungsweise als Sonderform der Portikusvilla angesehen. Vgl. zusammenfassend Mayer 2002, 68–79. Schon die antiken Autoren sahen in dem Komplex von Spalato eine *villa*, kein *palatium* (Belamarić 2004, 141 f.).

44 Theod., HE 4, 26, 1 f. spricht ausdrücklich davon, dass Residenz und Stadtmauer im Verbund stehen.

45 Belamarić 2004, bes. 156 favorisiert anstelle des sonst oft genannten Datums 293 den Herbst oder Winter 298 als Baubeginn für den Palast in Spalato. Trifft auch Downeys Annahme zu, dass der antiochenische Palast vor 298 vollendet war, wäre die Annahme eines direkten Abhängigkeitsverhältnisses schon aus rein chronologischen Gründen kaum haltbar.

46 Vgl. zur Diskussion zusammenfassend Nikšić 2011. – Auch die Annahme, dass der Palast in Antiochia militärischen Charakter besessen habe (Downey 1961, 322), lässt sich durch den Verweis

innerstädtische antiochenische Residenz zu übertragen, bestand kein Grund und war aus verschiedenen Gründen auch kaum möglich.

Gegen eine orthogonale Binnengliederung nach dem Muster von Spalato spricht zudem, dass sich auf dem tetrarchischen Palastareal wohl schon seit hellenistischer Zeit die Basileia befand, wofür nunmehr auch erste archäologische Indizien vorliegen[47]. Nach allem, was wir über hellenistische Paläste wissen[48], gibt es keinen Anlass zu der Annahme, dass es sich um eine regelmäßige Anlage gehandelt hat.

Auch für die spätantiken Paläste ist eine aus verschiedenartigen Einzelbaukomplexen bestehende Struktur weitaus wahrscheinlicher, wie sie die neugegründeten tetrarchischen Residenzen, etwa Thessaloniki (Abb. 6) und Konstantinopel, und kaiserliche Niederlassungen wie Felix Romuliana (Gamzigrad)[49] auszeichnet. Als Bestätigung könnte man den Bericht des Evagrius über das schwere Erdbeben von 458 werten, bei dem „das erste und zweite Gebäude“ des kaiserlichen Palastes zerstört wurden, „die anderen“ dagegen erhalten blieben, mitsamt dem „danebenliegenden Bad“[50]. Die einzelnen Baukomplexe konnten, wie Konstantinopel und Thessaloniki[51] zeigen, unmittelbar an den Hippodrom angrenzen (Abb. 6). Doch gibt es bislang weder formale noch chronologische Anhaltspunkte dafür, dass die drei Bauten, die in den 1930er-Jahren am Westrand

auf Spalato nicht länger belegen, da mittlerweile offenkundig wird, „that their appearance as a fortification is completely misleading“ (vgl. dazu Nikšić 2011, 199 f.).

47 Die unpublizierten Grabungsberichte des Jahres 1933 (PUAA) liefern dafür möglicherweise erste Hinweise. Nördlich des Hippodrom wurden damals die Reste einer aus Großquadern gebildeten Mauer angetroffen, die nach der beigefundenen Keramik sicher hellenistisch ist. Sollte es sich um die Reste der hellenistischen Stadtmauer handeln, würde das bedeuten, dass der Palast im südwestlichen Teil der ‚Insel‘ zu suchen ist. Freilich ist nicht auszuschließen, dass die Mauer selbst zur Binnenbebauung der Basileia gehörte.

48 Vgl. mit weiterer Lit. Nielsen 1994; Hoepfner – Brands 1996.

49 Bülow 2011.

50 Evagr., HE 2, 12: Οὗτος τοίνυν ὁ σεισμὸς τῆς καινῆς τὰς οἰκίας ἁπάσας σχεδὸν καταβέβληκε, πολυανθρώπου ταύτης γεγενημένης, καὶ οὐδὲν ἐχούσης ἔρημον ἢ ὅλως ἠμελημένον, ἀλλὰ καὶ λίαν ἐξησκημένης τῇ φιλοτιμίᾳ τῶν βασιλέων πρὸς ἀλλήλους ἁμιλλωμένων. Τῶν τε βασιλείων ὁ πρῶτος καὶ δεύτερος οἶκος κατεβλήθησαν, τῶν ἄλλων σὺν τῷ παρακειμένῳ βαλανείῳ μεινάντων, τῷ γε καὶ λούσαντι τὴν πόλιν παρὰ τὴν συμφορὰν ἐκ τῆς πρότερον ἀχρηστίας, ἀνάγκῃ τῶν τοῖς ἄλλοις βαλανείοις συμβεβηκότων. Κατέρριψε δὲ καὶ τὰς στοὰς τὰς πρὸ τῶν βασιλείων καὶ τὸ ἐπ’ αὐταῖς τετράπυλον, καὶ τοῦ ἱπποδρομίου δὲ τοὺς περὶ τὰς θύρας πύργους, καί τινας τῶν ἐπ’ αὐταῖς στοῶν.

51 Zuletzt Hadjitryphonos 2011, 204 Abb. 1.

des Hippodrom von Antiochia ausgegraben wurden, zur spätantiken Kaiserresidenz gehören[52].

Für die Annahme, dass sich der Residenzbezirk von Antiochia am Palast von Spalato orientiert, gibt es also keine Handhabe. Soweit Befund und Parallelen erkennen lassen, stand die antiochenische Residenz vielmehr dem weitläufigen und baulich vielgestaltigen Komplex in Thessaloniki mit seiner ostentativen Inszenierung des tetrarchischen Herrschaftssystems nahe. Beide haben sich, nach dem Raumangebot im Westteil der ‚Insel' zu schließen, wohl nicht zufällig auch in den Dimensionen entsprochen (Abb. 6).

Die kaiserliche Residenz ist der unmittelbarste Ausdruck monarchischen Selbstverständnisses, aber sie steht in der tetrarchischen Neustrukturierung des öffentlichen Raumes bekanntlich nicht für sich. In Antiochia muss der Palast, bei dem es sich ja um einen für die Öffentlichkeit unzugänglichen, abgeschlossenen Bezirk gehandelt hat, in erster Linie durch seine Ausdehnung gewirkt haben. Der ganze Umfang der Baumaßnahme wurde nach außen durch den Hippodrom erfahrbar gemacht, der den Palast an der Ostseite flankierte (Abb. 2. 4. 7). Circusanlagen gehören, wenn nicht zu den konstitutiven, so doch erwünschten, jedenfalls oft realisierten Bestandteilen tetrarchischer Residenzen[53]. Sie boten den Rahmen für die Inszenierung des Kaiserauftritts und sind als Ort politischer Willensbildung in der Spätantike von besonderer Bedeutung[54].

Der antiochenische Hippodrom, ein Bau von etwas mehr als 500 m Länge, lag wie die Bauten in Thessaloniki und Konstantinopel an der Flanke des Palastbezirkes. Dementsprechend konnten die Besucher den Bau nur von der Ostseite aus betreten. Dazu passen die Ergebnisse einer jüngst durchgeführten geophysikalischen Prospektion. Sie legen nahe, dass dem Hippodrom eine bebauungsfreie Verkehrsfläche vorgelagert war, die sich bis zum Podiumtempel erstreckte und damit für große Menschenmengen ausgelegt war. Sollte der Eingang zum Palast tatsächlich südlich des Hippodrom gelegen haben, wäre wie in Thessaloniki ein räumlicher Zusammenhang zwischen Tetrapylon und Circus denkbar.

---

52 Es handelt sich um drei Grabungen in den Sektoren 7-N/9-N, darunter das ‚House of Ktisis' (Antioch II, 182 Nr. 42. 43 Taf. 30; Levi 1947, 626: um oder nach 500 n. Chr.), Reste eines ‚Mosaic west of Hippodrome' (unpubliziert) und das ‚Late Roman House' (unpubliziert). – Die hier und im Folgenden verwendeten englischen Bezeichnungen der Grabungsorte, unter denen die Befunde in die Literatur eingegangen sind, folgen den einschlägigen Grabungspublikationen (Antioch I–V) sowie Levi 1947. Die Bezeichnung der 200 × 200 m messenden Grabungsquadranten (z. B. 17-O) entspricht dem Rastersystem, das zu Beginn der Grabungen 1932 eingerichtet wurde (vgl. Antioch II, Plan 1 sowie unsere Abb. 1).

53 Ćurčić 1993; Mayer 2002.

54 Heucke 1994.

Zugleich handelt es sich in Antiochia, anders als in den übrigen tetrarchischen Residenzstädten[55], nicht um einen spätantiken Neubau, sondern um die Adaption eines sehr viel älteren, wohl spätrepublikanischen Baus, der nach dem Erdbeben von 115 n.Chr. von Trajan und seinem Nachfolger Hadrian erneuert und im 4. Jahrhundert möglicherweise nochmals umfassend umgebaut wurde[56]. Dieser letzte Umbau würde gut mit seiner neuen Funktion im Kontext der Residenz zusammengehen. Doch ist keineswegs sicher, ob der Umbau bereits in tetrarchische Zeit fällt oder erst, vielleicht als Folge des Erdbebens von 341, worauf die Münzfunde deuten könnten, in der Mitte des 4. Jahrhunderts initiiert oder abgeschlossen wurde, als die Stadt Residenz Constantius' II. war. Als Altbau musste die Anlage nicht oder nur partiell durch Statuen und Ehrenmonumente aufgewertet werden, um den Anspruch Antiochias zu untermauern, den übrigen Metropolen des Imperiums historisch Paroli bieten zu können.

Auch Tempel sind, wie die schon mehrfach genannten Beispiele zeigen, regelmäßig Bestandteile tetrarchischer Residenzen[57]. Sie liegen nicht notwendigerweise auf dem Residenzareal selbst, aber doch zumindest in dessen unmittelbarer Nähe. Auch in Antiochia findet sich nur etwa 150 m östlich des Hippodrom, auf den – und damit wohl auch auf die Residenz – er mit seiner Längsseite ausgerichtet ist, ein Sakralbau[58]. Wäre der monumentale Podiumtempel als Teil der tetrarchischen Residenz betrachtet worden, so wäre dies meines Wissens nach der einzige Fall, dass ein älterer Sakralbau in den Masterplan einer tetrarchischen Residenzstadt integriert worden wäre. Allerdings lag er, wie in Thessaloniki, prominent an einer wichtigen Straßenachse, die parallel zum Hippodrom verlief und das Stadtgebiet über eine Brücke[59] mit dem nördlichen Umland der Stadt verband. Grundrisstypologisch weist der Tempel, ein pseudodipteraler Podiumtempel mit Sekos, Gemeinsamkeiten mit dem Apollontempel von Didyma und dem Donuk Taş in Tarsus auf, der jüngst mit einem Neokorietempel für Hadrian in Verbindung gebracht wurde[60]. Die, wenn auch nur lose, räumliche Anbindung

---

55 Dies gilt wohl auch für Konstantinopel, wenn Berger 1997, 412 f. Recht hat, dass der Hippodrom von Konstantinopel nicht bereits unter den severischen Kaisern entstand, sondern erst in tetrarchischer Zeit.

56 Humphrey 1986, 455 f.

57 Vgl. Ćurčić 1993; Brands – Rutgers 1999. – Zu den Vor- und Frühformen der Vergesellschaftung von Tempeln innerhalb einer Residenz vgl. Brenk 1996.

58 Die Anlage wurde im Rahmen unserer Unternehmung provisorisch eingemessen (Außenmaß 108 × 75 m, Cella/Sekos 77 × 45 m) und fotografisch aufgenommen.

59 s. o. Anm. 37.

60 Held 2008.

eines älteren Tempels für den Kaiserkult[61] an das Palastareal wäre im Sinne der restaurativen Religionspolitik der Tetrarchen nur folgerichtig gewesen. Überhaupt zeichnet sich ab, dass die Umgebung des Palastes, vielleicht sogar die gesamte ‚Insel', im Rahmen des tetrarchischen Stadtumbaus kurz- und mittelfristig eine deutliche Aufwertung erfahren hat; der Umbau des sogenannten Bath C und der Neubau von Thermenanlagen in der Umgebung des Palastes deuten in diese Richtung[62].

Bei aller Unsicherheit im Detail scheint festzustehen, dass Antiochia seit dem ausgehenden 3. Jahrhundert im Rahmen der tetrarchischen Dezentralisierungspolitik einen erheblichen Aufschwung nahm, dessen Wirkung noch weit bis in das 4. Jahrhundert hinein anzuhalten scheint. Bezeugt ist unter Diokletian nicht nur ein systematischer Ausbau der militärischen und zivilen Infrastruktur, sondern auch eine massive Wiederbelebung des Tempelbaus und der Festbauten für die Olympischen Spiele (wenn auch hauptsächlich in Daphne)[63]: Damit ist Antiochia bereits mehr als ein halbes Jahrhundert vor Kaiser Julian zum Mittelpunkt eines religiösen Erneuerungsprogramms geworden.

III Pläne: Julian und die „Stadt aus Marmor"

Die bauliche Entwicklung Antiochias in der Spätantike ist keineswegs nur eine Geschichte von Zerstörung, Katastrophen und Neubeginn, sondern auch von enttäuschten Hoffnungen und verpassten Gelegenheiten. Ein Kapitel dieser Art bietet die Regierungszeit Kaiser Julians (361–363)[64]. Gemessen an ihrer Dauer kaum mehr als eine Episode in der Geschichte Antiochias und was die Bautätigkeit angeht zudem weitgehend folgenlos, sind die knapp acht Monate, die Kaiser Julian zwischen Juli 362 und März 363 in Antiochia zubrachte, für das Römische Reich von eminenter politischer, vor allem religionspolitischer Bedeutung.

Als der Kaiser im Juni 362 von Konstantinopel aus nach Antiochia aufbrach, lagen die Grundzüge seines Regierungsprogramms offenbar weitgehend fest. Seit

---

61 Eine Neokorie ist für Antiochia freilich nicht überliefert (vgl. Hanell 1935), andererseits spricht bereits die Größe des Baus dafür, dass er mit dem Kaiserhaus zu verbinden ist.

62 Antioch I, 19–31. Fisher datiert das ‚Bath C', das einen hochkaiserzeitlichen Vorgänger besaß und über seinen Fundamenten errichtet wurde, offensichtlich aufgrund der geometrischen Mosaiken in die 2. Hälfte des 4. Jhs. Levi 1947, 289–291 äußert sich zu Datierungsfragen nicht. Das Datum ist also nicht über Zweifel erhaben. Nielsen 1990, II 45 datiert den Vorgänger in das 3. Jh.

63 Downey 1961, 323–327; Hahn 2013, bes. 75–79. Mit den Bauvorhaben Diokletians wird Daphne nach einem Jahrhundert erstmals wieder Hauptaustragungsort der Olympischen Spiele.

64 Zu Julian zuletzt Rosen 2006 mit der einschlägigen Literatur. Vgl. darüber hinaus das instruktive Kapitel über Julian in Antiochia in: Elm 2012, 269–335.

Trajan war die syrische Metropole das bewährte Hauptquartier für die Planung und Durchführung von Perserfeldzügen, die der ehrgeizige Julian spätestens für das Jahr 363 ins Auge gefasst hatte. Es spricht allerdings einiges dafür, dass der Kaiser Antiochia eine noch umfassendere Aufgabe zugedacht hatte. Darauf deuten in erster Linie Äußerungen von Libanios, der unmittelbar nach Julians Thronbesteigung von seinem Einfluss als ehemaliger Lehrer und Freund des Kaisers Gebrauch machte[65], indem er Julian einen weiteren Ausbau der Stadt als Kaiserresidenz schmackhaft zu machen versuchte, wie er in terarchischer Zeit und zuletzt unter Constantius II. betrieben worden war. Den Stoff für entsprechende Träume hatte der Kaiser selbst geliefert. Im *Misopogon* bekennt Julian, dass er es kaum habe erwarten können, nach Antiochia zu gelangen und die Stadt „größer und mächtiger" zu machen[66], sie also, möglicherweise dauerhaft, als seine Residenz zu nutzen[67]. Ganz abwegig waren solche Gedanken nicht, denn Antiochia war seit den Tetrarchen und blieb bis zu Valens Tod 378 *die* kaiserliche Residenz (wenn auch nur *pro tempore*), mit der es auch Konstantinopel nicht aufnehmen konnte. Constantius II., Julian und Valens verbrachten hier mehr Zeit als in der Kapitale; dementsprechend hat der Ausbau der Stadt nach allem, was wir wissen, in der ersten Hälfte des 4. Jahrhunderts deutliche Fortschritte gemacht. Seine Wertschätzung kommt besonders deutlich in dem Vorhaben zum Ausdruck, Antiochia in eine „Stadt aus Marmor" zu verwandeln, und damit in Konkurrenz zum augusteischen Rom zu treten[68]. Selbst wenn es sich nur um eine Absichtsbekundung gehandelt haben sollte und man deshalb nicht von einem regelrechten, konkreten Programm zum Ausbau Antiochias sprechen kann[69], bleibt doch der Plan als solcher. Dahinter stand wohl die Absicht, Antiochia zum Zentrum seiner restaurativen Religionspolitik zu machen[70]. Antiochia war der Testfall dieses

---

65 Zum engen Verhältnis von Julian und Libanios mit weiterer Lit. Wiemer 1995, 1. 14–68.

66 Iul., mis. 367 C–D. – Pack 1986, 311 weist zu Recht darauf hin, dass der Satz formelhaft sein könnte und man sich deshalb hüten muss, in ihm zwangsläufig „großartige Hauptstadtpläne" zu entdecken. Bezieht man ihn ausschließlich auf Julians Erlaubnis, die städtische Kurie zu erweitern, wird man Pack zustimmen: Eine derartige Maßnahme ist nicht ohne Parallele und entspricht Julians städtefreundlicher Politik.

67 Ob die Wertschätzung so weit ging, die syrische Metropole tatsächlich zur „Hauptstadt" oder zum dauernden „Regierungssitz" auszubauen, lässt sich nicht erweisen (vgl. Pack 1986, 307–309).

68 Lib., or. 15, 52. Julian greift offensichtlich das bei Suet., Aug. 28, 3 überlieferte Zitat auf.

69 Vgl. Downey 1939a, 305–308. Zum sogenannten und in der Forschung umstrittenen ‚Antiochia-Programm' des Kaisers vgl. Pack 1986, 301–377; Wiemer 1995, 239 f.

70 So Downey 1939a, bes. 303–308. Vgl. auch Wiemer 1995, 240; Hahn 2004, 163–168; Elm 2012, 269–335.

Programms einer religiösen, kulturellen und städtebaulichen Renaissance[71]. In welche Richtung die baulichen Pläne in einem solchen Fall gegangen wären, liegt nahe. Angesichts der Bemühungen des Kaisers, die heidnischen Kulte wiederzubeleben, durfte man mit einem massiven Ausbau und der Restaurierung der städtischen Sakrallandschaft, einschließlich Daphnes, rechnen. Das deutete sich bereits an, als Julian noch vor seiner Ankunft in Antiochia den Auftrag zur Reparatur des Apollonheiligtums von Daphne gegeben hatte[72] und unmittelbar nach seinem Einzug in Antiochia mit dem programmatischen Besuch der innerstädtischen Heiligtümer begann. Obwohl die Bausubstanz um die Jahrhundertmitte schon in gewissem Umfang gelitten hatte, konnte Libanios noch auf eine größere Zahl baulich intakter Heiligtümer verweisen[73]; die schiere Zahl der von Valens (364–378) in seine Forumsanlage einbezogenen seleukidischen und römischen Sakralbauten zeigt das Potential, mit dem die Stadt zu diesem Zeitpunkt noch aufwarten konnte.

Doch die anfängliche Begeisterung Julians verflog über zahlreichen Querelen und einigen ernsten politischen Problemen zunehmend, und mit ihnen auch die Zuneigung der Antiochener, nachdem sich der Kaiser als spröde erwies und unpopulär gebärdete[74]. Die siebeneinhalb Monate seines Aufenthalts wurden für Kaiser und Antiochener zum Debakel; konsistente Pläne für einen möglichen Ausbau der Stadt konnten angesichts der permanenten Reibereien zwischen Kaiser, Magistrat und Bürgerschaft kaum Gestalt annehmen. Die Aufbruchstimmung, in der Julian nach Antiochia gekommen war und die ihm die Stadt in rosigem Licht erscheinen ließ, schwand dahin, wie schon Libanios beklagte.

Unter diesen Umständen blieb es bei hochfliegenden Plänen. Über Bauten Julians in Antiochia ist mit Ausnahme einer bescheidenen Bibliothek, die er in dem kleinen Kaiserkulttempel für Trajan einrichten ließ, nichts bekannt[75].

---

71 Zum Charakter dieser Renaissance und der Rolle des Libanios vgl. die wichtige Studie von Stenger 2009.

72 Iul., ep. 12 (ed. Weis 1973, 253 f. Anm. 6. 7). Die Restaurierungsmaßnahmen können kaum dem Tempel selbst gegolten haben, sondern betrafen offenbar die Säulenhallen des Temenos, da die Säulen aus „Palästen" (ἐκ βασιλείων) requiriert werden sollten.

73 Lib., or. 15, 53 unterstellt, Julian habe nicht zuletzt wegen der großen Zahl unzerstörter Heiligtümer große Hoffnungen in die Antiochener und ihre Stadt gesetzt. Freilich war der Kultbetrieb, wie Julian bald feststellen musste, weitgehend zum Erliegen gekommen (Downey 1961, 384 f.), während die Popularität der großen heidnischen Feste, darunter die Olympischen Spiele, weiterhin ungebrochen war: Sie hatten ihren religiösen Gehalt allerdings weitgehend verloren und waren oft genug zu reinen Volksfesten degeneriert. – Eine ernüchternde Bilanz zur Situation der innerstädtischen Tempel zieht Hahn 2004, 130–133.

74 Wiemer 1995, 210–213.

75 Vgl. zum Bau Downey 1961, 220. 395 f.

Überhaupt wird in der Forschung bezweifelt, ob angesichts der finanziellen Situation eine ‚Stadt aus Marmor' finanzierbar gewesen wäre[76]. Entscheidend ist jedoch, dass Antiochia noch im mittleren 4. Jahrhundert zu einem Ort für städtebauliche Visionen dieser Art werden konnte, auch wenn Wunsch und Wirklichkeit zu diesem Zeitpunkt unvereinbar gewesen sein mögen. Doch all den ambitionierten Plänen und Utopien hatte Julian selbst schon vor seinem Abmarsch aus Antiochia im März 363 eine klare Absage erteilt. Der enttäuschte Kaiser ließ verlauten, dass er nach dem Ende des Feldzugs Antiochia nicht mehr betreten und Tarsus zu seiner Residenz machen werde. Natürlich war ihm und den Bürgern der Stadt bewusst[77], welcher Prestigeverlust für die Metropole damit verbunden war. Wenige Monate später – Julian war im Juni 363 in Persien gefallen und in Tarsus beigesetzt worden – waren alle städtebaulichen Reformpläne, wie auch immer sie ausgesehen haben mögen, endgültig Makulatur.

Interessant, aber leider nicht zu beantworten, ist die Frage, ob sich hinter den kaiserlichen Marmorplänen mehr verborgen haben mag als nur eine „heidnische Renaissance" im Bereich des Sakralbaus. Zumindest in dieser Hinsicht – der Bewahrung und Pflege der heidnischen Heiligtümer – wäre der Kaiser kaum auf erbitterten Widerstand gestoßen[78]. Dass den Antiochenern bei aller Aversion, die sie Julian entgegenbrachten, keineswegs an der gewaltsamen Christianisierung des Stadtbildes gelegen war, zeigt ein Vorfall aus dem Winter 363. Julians Nachfolger Jovian ließ das Trajaneum, das Julian mit einer hervorragenden Bibliothek ausgestattet hatte, niederbrennen, offenbar weil er die antiheidnischen und antijulianischen Ressentiments der städtischen Bevölkerung falsch eingeschätzt hatte[79]. Die Vernichtung des Baus und seiner Bibliothek führte, offenbar nicht nur unter den bildungsbewussten Antiochenern, zu wütenden Protesten und wurde zu einem Menetekel für die kurze Regierung Jovians (363–364), der die Stadt unter dem Eindruck der Unruhen eiligst verlassen musste.

Man darf annehmen, dass die Phantasien für die Stadt aus Marmor neben den Tempeln, wie im augusteischen Bauprogramm für Rom, auch öffentliche Profanarchitektur umfassten. Denn Julian musste zu Beginn seiner Herrschaft daran

---

76 Downey 1961, 380–396.

77 Libanios (ep. 802) versuchte Julian umzustimmen und, ebenso erfolglos, die antiochenische Politik mit dem Kaiser zu versöhnen (Lib., or. 15).

78 In der einschlägigen Gesetzgebung Julians wird beispielsweise die Entfernung von Statuen und Säulen aus dem öffentlichen Raum verboten, wie überhaupt die private Aneignung öffentlicher Areale und Gebäude reglementiert und das staatliche Eigentumsrecht gestärkt wird. Vgl. CTh XI, 28, 1; VIII, 5, 15; XV, 3, 2 (Ausstellungsdatum: 26. Oktober 362) und CIust VIII, 10, 7 (29. Oktober 362).

79 Zum Vorgang Downey 1961, 398 f.; Hahn 2004, 178–180.

gelegen sein, die wichtigsten Städte des Reiches für seine Regierungsziele zu gewinnen und in diesem Kontext spielte Antiochia als Verwaltungszentrum des östlichen Mittelmeerraumes eine herausragende Rolle. Eine solche, umfassende Stadterneuerung wäre zweifellos selbst den renitenten Antiochenern willkommen gewesen, denn es ist ohne Weiteres denkbar, dass der Bautenbestand nach den Zerstörungen des mittleren 3. Jahrhunderts auch in der Zeit Julians zu wünschen übrig ließ – und möglicherweise sogar Freiflächen für größere Bauvorhaben existierten[80]. In diesem Sinne darf man vielleicht auch das eingangs bereits zitierte Eingeständnis des Libanios werten, in einer Stadt ohne noble Bauten zu leben und vielleicht auch seine Bitte in einer kurz nach 387 geschriebenen Rede, in der er noch Theodosius I. (379–395) um einen Beitrag zum Ausbau der Stadt ersucht[81].

Angesichts der Parallelen der antiochenischen Pläne Julians zum augusteischen Romprogramm, das nicht zuletzt darauf abzielte, die geschichtsträchtigste Platzanlage der Stadt, das Forum Romanum, als sakrales Zentrum und zugleich als Ort des politischen Gedächtnisses für den Kaiser zu besetzen[82], könnte man sogar spekulieren, dass die Pläne für eine monumentale Platzanlage, wie sie Valens wenig später verwirklichte, auch schon Julian vorschwebten.

IV Ausbau: Valens und die Historisierung des Stadtbildes

Nach dem julianischen Intermezzo wurden reichsweit, und so natürlich auch in Antiochia, die Privilegien der Kirche wiederhergestellt und die kurze Renaissance der Tempelkulte umstandslos beendet. Unmittelbare politische Konsequenzen, die auch städtebauliche Folgen hätten haben können, etwa eine beschleunigte Beseitigung der heidnischen Tempel, wurden aus dem gescheiterten julianischen Projekt bekanntermaßen nicht gezogen. Die Pläne für eine ‚Stadt aus Marmor' nach augusteischem Vorbild dagegen lebten, wenn auch unter anderen Vorzeichen, augenscheinlich fort.

Nur wenige Jahre nach Julians Tod setzte Kaiser Valens (364–378) entsprechende, allerdings weniger prätentiöse Pläne zum Ausbau Antiochias in die Tat

80 Dass Julians Baupolitik durchaus auch auf die Wiederherstellung städtischer Räume gerichtet war, beweist sein Vorgehen im erdbebenzerstörten Nikomedia, das er (auf dem Weg nach Antiochia) durch eine „ansehnliche Stiftung" förderte (Amm. 22, 9, 3–5).

81 Lib., or. 20, 44. – Auch die bei Regierungsantritt des Kaisers geäußerte Bitte der Stadtverordneten, durch Ernennung von 200 neuen Mitgliedern den antiochenischen Dekurionenrat aufzufüllen (Iul., mis. 367 C–D), könnte man in diesem Sinne verstehen. Ausführlich Pack 1986, 317–362.

82 Hölscher 2006.

um, obgleich er in mancherlei Hinsicht mit ähnlichen Problemen wie sein Vorgänger zu kämpfen hatte. Denn die Frage, wie mit dem historischen Erbe, insbesondere den städtischen Sakralbauten umzugehen sei, stellte sich bei seinen Baumaßnahmen erneut. Freilich war schon die Ausgangslage günstiger: Valens ist der zweite Kaiser des 4. Jahrhunderts, der, wie Constantius II. (337–361) vor ihm, ein Gutteil seiner Regierungszeit in Antiochia verbracht (370–378) und seiner Residenzstadt mehr Aufmerksamkeit gewidmet hat als jeder andere Herrscher seit den Tetrarchen[83]. Der Zustimmung der städtischen Bevölkerung für seine Baupolitik konnte Valens sicher sein, denn das Forum, das er der Stadt schenkte, vereinte in höchst publikumswirksamer Weise Aussagen zum Regierungsprogramm der valentinianischen Dynastie mit einem ganz auf die antiochenischen Verhältnisse abgestellten Bautenrepertoire.

Valens war offenbar nicht gewillt, sich mit Halbheiten abzugeben und, so könnte man beinah glauben, darauf aus, die Romidee seines Vorgängers zu verwirklichen. Nach allem, was wir aus den Schriftquellen wissen, scheint es sich beim Valensforum, das vor 375 – dem Tod Kaiser Valentinians – vollendet wurde[84], um ein großangelegtes Bauvorhaben gehandelt zu haben, das weit über die üblichen Einzelbaumaßnahmen hinausging und offensichtlich auf eine Reorganisation des Stadtzentrums abzielte. Der Komplex lag an prominenter Stelle dort, wo die Nord-Süd verlaufende Hauptstraße auf die ostwestlich orientierte, zwischen Parmeniosschlucht und Orontes verlaufende Straßenachse traf (Abb. 1. 9. 11)[85]. Schon der Bauplatz war überaus prominent und mit Bedacht gewählt. An der Stelle des Valensforums befand sich, wohl bereits seit dem Hellenismus, eine Platzanlage[86], die eine solide hochkaiserzeitliche, im Wesentlichen aus dem

---

83 Insofern steht außer Frage, dass es sich beim Valensforum um ein kaiserliches Bauvorhaben im engeren Sinne handelt, was von Malalas nicht immer mit der nötigen Klarheit von städtischen Bauvorhaben unterschieden wird. Vgl. Horster 1997, 81–92.

84 Vgl. zu dem Komplex Downey 1961, 403–410. 632–640 (mit den Schriftquellen zu Forum und Bauten), der den Ausbau um 370/372 datiert (ebenda 624). Vgl. zu der Anlage auch Mayer 2002, 97–103.

85 Ob Mayer 2002, 104 recht hat, wenn er schreibt, dass Antiochia durch das Forum einen „neuen Mittelpunkt“ erhielt, oder ob das alte Forum nicht eher revitalisiert wurde, sei dahingestellt. Und ebenso, ob richtig ist, dass „Valens nahezu alle älteren kaiserlichen Stiftungen der Stadt in sein Forum integriert und den Platz so zu einem entscheidenden Verkehrsknotenpunkt gemacht“ hat, denn das war er eigentlich seit alters her, wie die Existenz der älteren, teils schon hellenistischen Heiligtümer und der kaiserzeitlichen Stiftungen beweist.

86 Downey 1961, 404 f. ist zurückhaltend, was die Existenz eines Vorgängerplatzes angeht und spricht nur davon, dass die Region „(was) already prominent in the civic life of Antioch“ und „there already existed in this part of the city a number of notable public buildings“. Auch wenn die in den Quellen erwähnte hellenistische Agora nicht mit dem Platz des Valensforums identisch sein

2. Jahrhundert stammende Bausubstanz aufwies[87]. Sie umfasste, wenn die schriftliche Überlieferung nicht täuscht, als ältesten Bestandteil mindestens einen seleukidischen Tempel (Arestempel[88]) sowie eine auf Julius Caesar zurückgehende Basilika, das ‚Kaisarion'. Nachdem die Platzanlage im Laufe des späten 1. und frühen 2. Jahrhunderts n.Chr. mit weiteren Bauten ausgestattet worden war[89], erfolgte unter Commodus eine umfassende Neugestaltung. Der Kaiser ließ eine Großthermenanlage errichten (‚Kommodion'), den in der Nähe gelegenen – wohl ebenfalls hellenistischen – Athenatempel restaurieren, sowie den ‚Xystos' (Gymnasion), eine überdachte Laufbahn, das ‚Plethrion' sowie einen Tempel für den olympischen Zeus anlegen, allesamt Bauten, die im Zusammenhang mit der Reorganisation der Olympischen Spiele von Antiochia standen[90].

Ob und in welchem Umfang dieses Ensemble in den mehr als eineinhalb Jahrhunderten bis zum Umbau unter Valens verändert wurde, ist ungewiss. Man kann nur vermuten, dass der tetrarchisch-konstantinische Stadtumbau, der sich in Rom, Nikomedia und Konstantinopel nicht zuletzt in der Gestaltung der Fora äußerte, auch an dem traditionsreichen Hauptplatz Antiochias nicht spurlos vorübergegangen war. Dafür sprachen möglicherweise auch eine Reihe von handfesten praktischen Gründen. Im mittleren 3. Jahrhundert war die Stadt von den Persern erobert und schwer zerstört worden. Es ist gut denkbar, dass der Wiederaufbau auch hundert Jahre später noch nicht vollends abgeschlossen war. Unabhängig davon dürfte der Altbaubestand nach dem bauten- und restaurierungsschwachen 3. Jahrhundert um die Mitte des 4. Jahrhunderts renovierungsbedürftig gewesen sein, zumal für das Jahr 341 ein Erdbeben verbürgt ist[91], das den Handlungsbedarf noch erhöht haben mag.

Valens ließ zunächst am Austritt des Parmenios, dessen saisonale Hochwasserwellen eine notorische Gefährdung für das zentrale Stadtgebiet darstell-

---

sollte (vgl. Downey 1961, 624–630), ist gut denkbar, dass sich hier eine möglicherweise kleine hellenistische Platzanlage befand.

87 Zu den von Malalas erwähnten Bauten vgl. Downey 1961, 632–640.

88 Downey 1961, 196.

89 Verbürgt sind ein von Vespasian erbauter ‚Tempel der Winde' (eventuell identisch mit dem Horologion) und das ‚Middle Gate', offenbar ein Ehrenbogen, aus der Zeit Trajans.

90 s. dazu weiter unten. – Xystos und Zeustempel: Downey 1961, 229–235. Zum wenig später (193 n.Chr.) erfolgten Bau des Plethrions (das offenbar noch Teil der Baumaßnahmen des Commodus war; es diente den Ringerwettbewerben) unter Didius Julianus: Downey 1961, 237. – Der Xystos (s. u.) muss nach einschlägigen Parallelen zu urteilen mindestens 200 m lang gewesen sein, was einen Eindruck von den Dimensionen des Stadtumbaus in dieser Region vermittelt.

91 Downey 1961, 359 f. Anm. 189. – Denkbar ist angesichts der auffälligen Erwähnung der Drainagen im Bereich der Parmeniosschlucht bei Ioh. Mal., Chron. 261, 48–66 (13, 30) auch, dass der Bezirk durch Flutkatastrophen in Mitleidenschaft gezogen worden war.

ten[92], eine doppelläufige Kanalleitung anlegen, um in dem diffizilen Terrain eine flutsichere Plattform für das Forum zu schaffen (Abb. 8)[93]. Darüber entstand die Platzfläche mit einer Marmorpflasterung, die das Ensemble historischer Architektur mit den Neubauten verband. Zu ihnen gehörte die in der Mitte der Platzanlage aufragende Ehrensäule für Kaiser Valentinian, die den Anspruch des Herrschers zum Ausdruck brachte, als Neubegründer der Stadt oder doch wenigstens als deren Wohltäter zu gelten[94]; das Monument dürfte als Pendant zur nahegelegenen Säule des Kaisers Tiberius zu verstehen sein, der gleichfalls als *ktistes* in Erscheinung getreten war[95], und damit einen direkten Bezug zur verehrten Vergangenheit hergestellt haben. Für den Anspruch, der mit der Baumaßnahme verbunden war, steht neben dem prominenten Bauplatz und seiner infrastrukturellen Erschließung vor allem die aufwendige zeitgenössische Architektur mit ihrer reichen Marmor- und Statuenausstattung. Malalas' Schilderung lässt indes keinen Zweifel daran, dass bei der Neuanlage des Valensforums eine ganze Reihe älterer, teilweise wohl bis in den Hellenismus zurückreichender kaiserlicher Bauten und Stiftungen in die neue Platzanlage einbezogen und restauriert wurden. Nur in einem Fall ist von der Beseitigung eines älteren Baus die Rede: Das Kaisarion wird teilweise abgerissen[96], möglicherweise, um die Platzfläche zu vergrößern oder an den Rändern zu begradigen. Ihre Exedra (κόγχη) wird allerdings restauriert und mit einer Sitzstatue Kaiser Valentinians ausgestattet, bleibt also zumindest als Rumpfbau Teil des Ensembles.

Über die Hintergründe für die Baumaßnahme ist bereits verschiedentlich spekuliert worden. Wie in Rom dürfte natürlich auch in Antiochia die Investition in eine Platzanlage eine erprobte Möglichkeit zur Selbstdarstellung des Kaisers und der lokalen Eliten gewesen sein. Zudem setzte man nach der Konsolidierung des

---

92 Brands 2010.

93 Antioch II, 4; Antioch III, 13 f. Abb. 12; Antioch V, 101–118. 119–126. Die Drainagetunnel sind nach Ansicht der Ausgräber möglicherweise bereits hellenistisch, doch sind die stratigraphischen und bautechnischen Argumente ohne Überprüfung der bislang unpublizierten Grabungsbefunde nicht stichhaltig. Es ist deshalb bis auf Weiteres denkbar, dass es sich um eine durchgreifende Erneuerung älterer Einrichtungen an dieser Stelle handelt. – Wenn Downeys Annahme zutrifft, dass der Parmeniosverlauf östlich der Hauptstraße bis in die Zeit des Valens ungepflastert geblieben war (auch dafür fehlen meines Wissens bislang belastbare archäologische Daten), dann besteht Valens' eigentliche Leistung in der städtebaulichen Erschließung dieses östlich der Hauptstraße gelegenen Bereichs.

94 Jordan-Ruwe 1995, 193 f. weist darauf hin, dass Ioh. Mal., Chron. 264, 22–23 (13, 34) Valens als „*philoktistes*" bezeichnet.

95 Zum frühkaiserzeitlichen Stadtausbau und zur Frage nach Tiberius' Beitrag vgl. Downey 1961, 184–189 (zur Tiberiussäule 178. 183 f.) und Kolb 1996.

96 Ioh. Mal., Chron. 261, 48–66 (13, 30).

Reiches durch die Herrscher der Tetrarchie und der konstantinischen Wende im gesamten 4. Jahrhundert auf eine Neubegründung des politischen Gedächtnisses. Fora boten sich traditionsgemäß für eine solche Aufgabe an, doch wird das kaum der einzige Grund für das ambitionierte Vorhaben gewesen sein. Emanuel Mayer hat darauf hingewiesen, dass die Neubaumaßnahmen „des Kaisers im Gegensatz zu seinen Vorgängern kaum einen praktischen Nutzen hatten", sondern auf die Visualisierung einer „konkreten politischen Aussage" hinausliefen[97], die er in der Neuordnung des Stadtzentrums durch ein dynastisches Monument sehen möchte; es sei Valens darum gegangen, Antiochia auch optisch zu seiner bevorzugten *sedes imperii* zu machen.

Einer solchen Einschätzung wird man nicht widersprechen wollen, sie aber doch um zwei Aspekte ergänzen. Wie wir bereits sahen, wird das Bauprojekt maßgeblich von der Restaurierung und Integration älterer Bauten in ein neues, gewissermaßen revitalisiertes Stadtbild und damit von dem Bemühen um eine intakte Stadtlandschaft geprägt. Die Baumaßnahmen zielen also im Kern auf eine historische Beglaubigung, was nicht an vielen Stellen des Stadtgebietes in dieser konzentrierten Form möglich gewesen sein dürfte. Mit dem Valensforum entstand ein Ort, der Bauwerke und Denkmäler versammelte, die als Träger kollektiver Erinnerung die Leistungen von Vergangenheit und Gegenwart miteinander verbanden. Dieser Versuch, die Identität der antiochenischen Gesellschaft des 4. Jahrhunderts neu zu bestimmen, beruhte auf einem Denkmalverständnis, das, ähnlich wie auf dem augusteischen und spätantiken Forum Romanum[98] und vielen anderen Platzanlagen der Spätantike, seine Wirkung aus einer bewusst konzipierten Vergangenheit bezog.

Aufs Ganze gesehen, könnte man beinahe den Eindruck gewinnen, als sei das Valensforum gewissermaßen die Antwort des Kaisers auf das eingangs zitierte Lamento des Libanios über die fehlende Historizität und geringe ästhetische Qualität des Stadtbildes. So weit wird man kaum gehen wollen, aber es bleibt doch festzuhalten, dass dieses großangelegte Revirement eines älteren Ensembles recht gut in die Kerbe passt, die Libanios schlägt. Überhaupt fügt sich das Valensforum sehr gut in das Bild der Zeit, denn die Vorstellung von der Stadt als einer schützenswerten Denkmallandschaft findet sich sicher nicht zufällig in der Baugesetzgebung des ausgehenden 4. Jahrhunderts wieder[99]. Valens und Valentinian

97 Mayer 2002, 104.

98 Bauer 1996, 7–79; Hölscher 2006; Bauer 2009.

99 Vgl. Geyer 1993; Meier 1996; Noethlichs 2003. – Die Vorstellung von der Stadt als einer schützenswerten Denkmallandschaft ist kein spätantikes und ebensowenig ein spezifisch christliches Phänomen, obwohl die kaiserliche Gesetzgebung seit dem späten 4. Jh. besonders ausgeprägte Tendenzen in dieser Richtung erkennen lässt; am vollständigsten formuliert findet

verbieten nicht nur die Plünderung älterer Bauten zum Zweck der Materialbeschaffung, sondern legen großen Wert auf die Substanzerhaltung der Stadtbilder, indem sie dekretieren, dass sich „die Sorge ... vielmehr auf die Ausbesserung der alten (Bauten) richten" solle[100]. Die Erhaltung von Denkmälern *ad usum publicum* und als *ornamenta urbis* avancieren zu Leitbegriffen einer konservativen Stadtbildpflege[101].

Mit der Kombination von historischer – darunter auch ungeliebter oder doch wenigstens leidenschaftslos behandelter heidnischer – und zeitgenössischer Architektur reagierten die Architekten des Valensforums auf ein akutes Problem, das nicht zuletzt durch das julianische Intermezzo noch einmal aufgeworfen worden war, nämlich die Frage nach dem Umgang mit den heidnischen Kultbauten. Die Antwort der Gesetzgebung war eindeutig: Die Stadtverwaltungen wurden angewiesen, geeignet erscheinende Umnutzungsmöglichkeiten zu suchen[102]. Damit wurde abgesehen von der Stadtbildpflege noch ein weiteres Problem gelöst. Mit dem valentinianischen Denkmalkonzept, in dem auch die alten Tempel ihren Platz fanden, wurde auf dem Valensforum ein gewissermaßen idealtypischer Umgang mit diesem schwierigen Erbe gezeigt. Die Bauten wurden durch die Umnutzung auf behutsame Weise musealisiert und damit inhaltlich entschärft, religiös im Zaum gehalten und zugleich als Ausweis einer großen Vergangenheit und *ad usum publicum* bewahrt. Die Tempel werden nun endgültig der Erinnerung überantwortet. Ihre Bewahrung ist also, so paradox das auf den ersten Blick erscheinen mag, ein Beitrag zur Christianisierung des Stadtbildes. Das Motto hieß, so könnte man vielleicht formulieren, *Christianisierung durch Historisierung.*

Dieser Aspekt war umso wichtiger, als eine ostentative Christianisierung des Valensforums unterblieb. Auffällig, wenn auch nicht völlig überraschend ist, dass

---

sich die Vorstellung eines Schutzes denkmalwürdiger Bauten in der 4. Novelle Maiorians aus dem Jahr 458.

100 CTh XV 1, 19. Vgl. Meier 1996, 366.

101 Auch Lenski 2002, 393–401 betont, dass die Bauprogramme unter Valentinian und Valens im engeren Sinne konservativ waren, also darauf abzielten, ältere Bausubstanz zu erneuern und begonnene Bauvorhaben abzuschließen. Ein gewisser, teils ökonomisch motivierter Pragmatismus gibt sich auch in den einzelnen Baumaßnahmen zu erkennen, bei denen Infrastrukturbauten (Aquädukte, Brücken, Thermen, Fora/Märkte, Getreidespeicher), innerstädtische Kommunikationsbauten (Basiliken) und Politbauten (Hippodrome, Thermen) den Ton angaben. Eine Liste der unter der valentinianischen Dynastie entstandenen Bauten bei Lenski 2002, 396–401, bes. 400 f. (Antiochia).

102 CTh XVI, 10, 19 („*omniaque templa in possessionibus nostris ad usus adcommodos transferantur*").

an der Platzanlage keine Kirchen errichtet wurden[103]. Die hier angesiedelten Institutionen, wie möglicherweise das *praetorium* des *consularis Syriae* (bezeugt für die Regierungszeit Kaiser Zenons), und nicht zuletzt die Statuenausstattung deuten darauf hin, dass das Forum im 4. Jahrhundert – und darüber hinaus[104] – ein ziviler Repräsentationsbereich blieb, der Kaiser, Offizialen und lokalen Eliten traditionelle Entfaltungsmöglichkeiten bot.

Das Valensforum diente indes nicht nur dazu, kaiserliche Präsenz im Stadtbild erfahrbar zu machen oder die ‚Christianisierung durch Denkmalschutz' voranzutreiben. Denn der Besucher war keineswegs mit einer gewöhnlichen Forumsanlage, sondern vielmehr mit einem sehr eigenwilligen Bautenensemble konfrontiert. Der Platz erhielt seine besondere Note durch die Kontamination klassischer Forumsbauten mit einer Gruppe von Sportstätten, die der Austragung der antiochenischen Olympien dienten[105]. Die auf Augustus zurückgehenden Olympischen Spiele[106] waren auch noch in der Spätantike, und zwar keineswegs nur in der Stadt selbst, populär und aus ihrem Festkalender nicht wegzudenken. Die unter Commodus wiederbegründeten Spiele versuchte Diokletian durch ihre Rückverlegung nach Daphne und die Bindung an das Apollonheiligtum noch einmal religiös aufzuwerten, doch waren die kultischen Wurzeln und der religiöse Gehalt offenbar schon längst verloren gegangen und die Spiele säkularisiert. Ihre Rückverlegung nach Antiochia, nach dem schleichenden Verfall und der Schließung des Heiligtums in Daphne, löste es, soweit dies noch nötig war, endgültig von dem einstigen heidnisch-kultischen Hintergrund.

---

103 Vgl. etwa die ähnliche Situation in Rom, wo die Vereinnahmung des Forum Romanum durch Kirchenbauten erst in der Ostgotenzeit beginnt (Bauer 1996, 62–72. 115). Andernorts mag sich die Situation bereits im späten 4. und in der ersten Hälfte des 5. Jhs. zu ändern begonnen haben, wie das Beispiel des nordgriechischen Philippi zeigt, wo das hochkaiserzeitliche Forum des 2. Jhs. seit dem späten 5. Jh. von Kirchen geradezu umstellt wird, die den Platz als „städtebauliche(n) Hintergrund" nutzen (so Brenk 2003, 8–10). Ähnliche Tendenzen lassen sich seit dem ausgehenden 4. Jh. in Norditalien beobachten (vgl. Haug 2003, 176–178). Vgl. für Griechenland und Kleinasien Hoepfner 2003; Cain – Pfanner 2009, 83–95. Das früheste Beispiel für einen Kirchenbau im Kontext einer älteren Platzanlage in Konstantinopel bietet die 360 eingeweihte Sophienkirche am Augusteion, doch scheint die Kirche durch eine Straße oder Mauer von der eigentlichen Platzanlage abgesetzt gewesen zu sein (Bauer 1996, 148–157).

104 Unter den Kirchenbauten des 5. und 6. Jhs. ist keiner, der den Quellen zufolge mit hinreichender Wahrscheinlichkeit im Forumsbereich angesiedelt werden kann. Dagegen ist überliefert, dass das Kommodion, eine unter Commodus errichtete Thermenanlage (s. u.), zu Zenons Zeiten als Sitz des *consularis Syriae* fungierte (Downey 1961, 625–627. 632–640), was auf die ungebrochene Bedeutung verweist, die das Forum für die Standesrepräsentation der Reichseliten besaß.

105 Vgl. zu den antiochenischen Olympien Downey 1961, passim; Hahn 2004, 134–136; Hahn 2013.

106 Downey 1961, 168.

Mit dem Sportforum sollten unter Valens offensichtlich neue Akzente gesetzt werden. Die Bauten, die das prestigeträchtige Fest von nun an beherbergten, lagen nicht länger in einem Heiligtumsbezirk oder dessen Nähe, sondern bildeten im Kontext des Valensforums neben den umgenutzten Tempeln ein weiteres säkularisiertes Zentrum Antiochias. Ganz unbefangen konnten die Bauten auf diese Weise zu einem Ort der Repräsentation der lokalen Oberschicht sowie der Kaiser und ihres Hofes werden und damit politische Wirkung entfalten. Der Kaiser nutzte den Umbau des Forums dazu, die Sportanlagen und damit das publikumswirksame Fest in Dienst zu nehmen und für die persönliche Inszenierung und politische Propaganda des Kaiserhauses, aber auch für den Erhalt der sozialen Ordnung der Stadt einzusetzen.

Der unverfängliche städtisch-säkulare Kontext, den das Valensforum bildete, schuf also die Voraussetzungen für den Erhalt der Olympien[107]. Auch diese Form von Säkularisierung ist, wie in vielen anderen Fällen übrigens, was hier nur am Rande vermerkt sei, ein Aspekt einer mittelbaren Christianisierung des Stadtraumes.

Insgesamt gesehen, bestand die schöpferische Leistung des Valensforums, wie schon beim augusteischen Forum Romanum, nicht allein im Neubau, sondern in erster Linie im geschickten Umbau, das heißt der Ergänzung, Umnutzung und Wiederbelebung älterer Bautengruppen und ihrer politischen Instrumentalisierung. Mit dem Aspekt der *Christianisierung durch Historisierung* wurde ein Modell propagiert, das sich als außerordentlich erfolgreich erweisen sollte.

Von archäologischer Seite lässt sich diesen Überlegungen kaum weitere Substanz verleihen. Vom Valensforum ist durch Grabungen so gut wie nichts bekannt, ja noch nicht einmal die genaue Lage gesichert. Auch die großangelegten Versuche der amerikanischen Ausgräber, das Forum durch Suchschnitte und die ‚Main Street Digs' genauer zu lokalisieren, führten zu keinen eindeutigen Ergebnissen[108]. Bis zum Abschluss der Grabungen musste man sich deshalb mit Mutmaßungen auf der Grundlage der Schriftquellen zufriedengeben. Davon zeugt eine bislang unpubliziert gebliebene Rekonstruktionszeichnung, die in den 1930er-Jahren vermutlich auf Veranlassung von Glanville Downey entstand (Abb. 8)[109]. Aufgrund der Beschreibung bei Malalas kann immerhin davon ausgegangen

107 Hahn 2013, 85 spricht von der „... Überführung des heiligen Agons in eine säkulare städtische Festveranstaltung".

108 Die ‚Main Street Digs' 4, 7 und 8 (Sektor 16-O), 5 (Sektor 16-P) und 9 (Sektor 17-P) wurden von Lassus (Antioch V) publiziert. Die Sondagen in 17-O (s. dazu Anm. 23) blieben ebenso wie andere Versuche, das Forum durch Schnitte zu lokalisieren, unpubliziert (vgl. die kurzen Erwähnungen in Antioch II, 4; Antioch III, 1. 7. 17 f.).

109 PUAA, File 41: Zeichnungen 5675. 14926. 14927.

werden, dass sich die Anlage zu beiden Seiten der Parmeniosschlucht erstreckte (Abb. 8. 9), die wegen der unberechenbaren Flutwasserabgänge seit alters her besondere Präventionsmaßnahmen erforderte. Die von Valens getroffenen Vorkehrungen können wahrscheinlich mit der Doppelkanalleitung in Verbindung gebracht werden, die in der letzten Grabungskampagne 1939 freigelegt wurde (Abb. 10)[110]. Die Anlagen, die schon für sich genommen eine bedeutende Ingenieurleistung darstellen[111], zeigen, dass der Ausbau des Valensforums nicht einfach gewesen sein kann: das erklärt, warum Malalas sie eigens erwähnt. Das Valensforum lag damit an einer vitalen Stelle des Stadtgebietes, nämlich dort, wo die Hauptstraße das geometrische Stadtzentrum erreichte und sich mit dem Ost-West verlaufenden, zum Orontes führenden *decumanus* schnitt (Abb. 1. 2. 3. 11).

Die südliche Begrenzung des Forums wird möglicherweise im Bereich des Sektors 17-O zu suchen sein, an dessen südlichem Rand in den Dreißigerjahren der Rest einer Anlage angetroffen wurde, die die Ausgräber als Nymphäum gedeutet haben, also eine, wenn nicht forums-, so doch innenstadttypische Architekturform[112]. Auch die straßenparallele Ausrichtung der Baureste könnte für einen Zusammenhang mit der Platzanlage sprechen[113].

Ähnlich schwierig zu bestimmen ist die nördliche Platzgrenze. Es wäre gut denkbar, dass zwei massive *opus-caementicium*-Pfeiler mit Resten einer Verkleidung aus Kalksteinquadern (Abb. 12) zur nördlichen Randbebauung der Platzanlage gehört haben[114]. Bei ihnen könnte es sich nach Abmessungen und Konstruktion um Reste eines Großbaus, etwa einer Pfeilerhalle nach Art der Maxentiusbasilika oder einer Thermenanlage handeln[115]. Reste von Platten eines blaugrauen Marmors von rund 3 cm Dicke, die sich in nicht geringer Zahl in diesem Areal fanden, sind möglicherweise als Teil der Wandinkrustation des Baus zu betrachten; auch Plattenfragmente aus einer feinen roten Brekzie haben sich

---

110 Antioch III, 13 f. (Sektor 16-O, Dig 3); Antioch V, 101–118.

111 s. o. Anm. 92. 93.

112 Antioch III, 17 f.

113 Die noch ausstehende Bearbeitung der Nymphäumsbefunde und eine Überprüfung der stratigraphischen Daten kann möglicherweise Aufschluss darüber geben, ob die Bebauung noch in die Gründungsphase des Valensforums gehört oder möglicherweise erst in die Zeit des justinianischen Wiederaufbaus nach 540. Schon jetzt deuten die Grabungsergebnisse darauf hin, dass das Forum im 6. Jh. seine administrativen Aufgaben zunehmend verlor und zumindest in den Randbereichen ökonomische Funktionen an ihre Stelle traten (Eger 2013, 117–119).

114 Möglicherweise gehört auch ein rund 24 m nordwestlich gelegener Ziegelpfeiler zu demselben Bau. Für eine sorgfältige Überprüfung der Befunde bin ich Ines Oberhollenzer zu Dank verpflichtet.

115 Verbürgt ist auf dem Areal des Valensforums durch Malalas eine von Commodus errichtete Großthermenanlage, das Kommodion (s. o.).

erhalten. Südlich dieses Gebäudes erstreckte sich vermutlich bereits die Platzfläche des Forums selbst. Darauf deuten jedenfalls ein 2004 durchgeführter geophysikalischer Survey, der keine Bebauungreste erkennen ließ[116], sowie Fragmente großformatiger Kalksteinplatten, die zu ihrer Pflasterung gehört haben dürften. Am südwestlichen Staurinhang fanden sich unterhalb und im Umfeld der ‚Peterskirche' (Saint Pierre Kilisesi)[117] weitere Platten dieser Art sowie großformatige Quader und Fragmente von Bauornamentik[118]. Die identische Größe und Machart einiger Kapitelle, die offenbar Reste von Serien sind, lassen auf Großbauten schließen, wie sie in einem Forumsbereich vorauszusetzen sind. Zu der Platzanlage gehörte im Norden wohl noch der Bereich, der bei Ausgrabungen in den späten 1930er-Jahren im Sektor 16-P zutagekam (‚Main Street Dig V'). Dabei wurden Reste eines weiteren monumentalen Nymphäums und einer ihm vorgelagerten, aufwendig gepflasterten Platzfläche ergraben[119], die offenbar den Anschluss zur Hauptstraße herstellten.

Wesentlich weiter nach Norden kann sich das Forum kaum erstreckt haben, da der in diesem Bereich stark vortretende Staurinhang nur eine verhältnismäßig schmale Bebauungsfläche freiließ und auf Höhe der ‚Houses of the Calendar and of the Drunken Dionysos' (Sektor 15-R) bereits die private Wohnbebauung einsetzte. Dagegen wiesen die Hänge des zentralen Forumsbereichs, zu Seiten der Parmeniosschlucht, öffentliche Denkmäler auf, darunter semi-sakrale wie das Charonion, und solche, die die Anciennität der Stadt unterstrichen wie die vom Platz aus gut sichtbaren hellenistischen Polygonalmauern[120]. Bei ihnen handelt es sich zumindest teilweise um Reste von Böschungsmauern eines Weges, der auf das Staurinplateau hinaufführte, in dem wir im Unterschied zur *communis opinio* die hellenistische Akropolis der Stadt erkennen möchten[121]. Der Zugang zu diesem alten Prozessionsweg muss sich ebenfalls im Forumsbereich befunden haben. Zweifellos ist die Historizität dieses Stadtbezirks mit seinen alten Heiligtümern

---

116 Unpubliziert. Kurzer Vorbericht: Brands – Meyer 2006, 151.

117 Eine wissenschaftliche Bearbeitung des Baus wäre lohnend. Vgl. vorerst Jacquot 1931, II, 375–378; Sinclair 1990, IV, 249 f.; Zambon u. a. 2009, 54–56.

118 Unpubliziert.

119 Erwähnt in Antioch II, 4 und Antioch III, 1, ohne vollständigen Gesamtplan publiziert von Lassus (Antioch V, 41–81: Main Street Dig V). Das Nymphäum datiert Lassus vermutungsweise in justinianische Zeit.

120 Auch das Charonion hätte eine ernstzunehmende Bearbeitung verdient. Vgl. bislang lediglich die kurzen Bemerkungen von G. W. Elderkin in: Antioch I, 83 f.; Downey 1961, 103 f. – Polygonalmauern auf dem Staurin: Campbell 1938, 205 Abb. 1; Hoepfner 1999, 485 f.; Pamir u. a. 2008, 402 f.; Pamir u. a. 2009, 8 f.; Brands 2010.

121 Brands 2010, 7 f.

und den in die Frühzeit der Stadt hinabreichenden Bauresten ein maßgeblicher Grund für den Ausbau des Forums unter Valens.

Träfen unsere Mutmaßungen zu, dann hätte das Valensforum, den gesamten bebauten Raum gerechnet, bei einer Tiefe von bis zu 200 m eine Breite von rund 350 m besessen und damit eine Fläche von sieben Hektar eingenommen, was selbst von Platzanlagen in Rom oder Konstantinopel kaum erreicht worden ist[122]. Derartige Dimensionen sind durchaus glaubhaft, wenn man bedenkt, dass allein der Xystos, ob es sich nun um eine gedeckte Laufbahn oder ein aus mehreren Baugruppen bestehendes Gymnasion gehandelt hat, etwa 200 m lang gewesen sein muss. Der Gymnasionskomplex von Aphrodisias, aus dem mittleren 2. Jahrhundert, maß rund 250 × 70 m, nahm also schon allein eine Fläche von 1,75 Hektar ein[123].

Es ist nicht ausgeschlossen, dass sich die öffentliche Bebauung westlich der Hauptstraße – im Sektor 16-O – fortsetzte und über den Kreuzungsbereich von *cardo* und *decumanus* hinausgriff. Darauf könnten die jüngsten Ausgrabungen türkischer Archäologen deuten, die nordwestlich des Hauptdecumanus ein großflächiges Gebäude (ca. 85 × 90 m) mit reicher Ausstattung angetroffen haben (Abb. 13). Die Anlage, die sich zu der in Nord-Süd-Richtung verlaufenden Hauptstraße öffnete, legte sich um einen mit Marmorplatten gepflasterten Hof; in einigen der angelagerten Räume fand sich eine qualitätvolle Mosaikausstattung. Aus Gründen, die sich einer Beurteilung bislang entziehen, wird sie von den Ausgräbern in das 5./6. Jahrhundert datiert[124]. In ihrer unmittelbaren Umgebung lagen eine in das ausgehende 5. oder frühe 6. Jahrhundert datierte Thermenanlage, ein herrschaftliches Haus, angeblich auch des 5. Jahrhunderts, und einige

122 Vgl. Bauer 1996.

123 Mayer 2002, 99–103.

124 Die Notgrabungen fanden zwischen 2010 und 2012 statt. Bislang ist weder ein Vorbericht noch eine Abschlusspublikation vorgelegt worden. In den ersten journalistischen Verlautbarungen ist von einer spätesten Bebauung des 6. Jhs. die Rede: <www.libaniusredux.blogspot.de/2011/10/hilton-in-forum-of-valens.html> (12.11.2015). Auf nbcnews.com/_2012/08/03/13103755-a-hotel-an-archaeology-site-or-both?lite (12.11.2015) heißt es, dass über einer Vorgängerbebauung aus frühhellenistischer Zeit im 6. Jh. ein „public building“ errichtet wurde, das die Ausgräber vielleicht etwas voreilig als „house of government“ bezeichnen, vor allem wenn man die methodischen Schwierigkeiten berücksichtigt, die eine eindeutige Identifizierung solcher offzieller Dienstsitze aus rein architekturtypologischer Sicht bereitet (vgl. zur Gattung Lavan 1999; Lavan 2001). Dass die Anlage eine gewisse Bedeutung hatte, bezeugen die Mosaiken, die zu seiner Ausstattung gehörten und eine Fläche von rund 850 m² einnahmen. Einen Überblick über das Grabungsareal und ein Detailfoto eines geometrischen Mosaiks bietet: <www.skyscrapercity.com/showthread.php?t=1465141> (12.11.2015), sowie Acar 2011, S. V–XII.

Ladenlokale. Auf Publikumsverkehr und Repräsentation ausgelegt[125], handelt es sich bei dem forumsnahen Komplex wohl um einen Bau des politischen Lebens. Vorstellbar wäre zum Beispiel ein Gerichtsgebäude, etwa das Dikasterion, das Evagrius im Zusammenhang mit Baumaßnahmen unter Theodosius II. beschreibt[126] oder der Sitz einer anderen Behörde. Offensichtlich ist bislang nur, dass das ausgegrabene Ensemble in einer Region lag, in der wegen der Nähe zum Forum noch im 5. und 6. Jahrhundert kaiserliche und städtische Repräsentationsbauten sowie hochherrschaftliche Privatbauten den Ton angaben. Die Aufwertung, die das Viertel durch die Anlage des Valensforums erfahren hatte, war also noch geraume Zeit später in der Bebauungssituation dieses repräsentativen Regierungsviertels spürbar.

V Erweiterung: Theodosius II. und das neue Südstadtviertel

Seit der Herrschaft Constantius' II. bis zum Tod Kaiser Valens' im Jahr 378 hatten sich die Antiochener daran gewöhnt, wenn nicht in der Hauptstadt, so doch in *der* kaiserlichen Residenz zu leben. Constantius II., Julian, Jovian und Valens hatten viele Jahre in Antiochia residiert und der Orontesmetropole den Vorzug vor Konstantinopel gegeben, das, einmal abgesehen von seiner politischen und administrativen Bedeutung, bis dahin städtebaulich, historisch und kulturell nicht mit Antiochia konkurrieren konnte[127]. Es sprach unter diesen Umständen und mit Blick auf die geopolitischen Verhältnisse des späten 4. Jahrhunderts einiges dafür, dass auch Valens' Nachfolger aus der theodosianischen Dynastie einen Großteil ihrer Regierung in der Nähe der Ostgrenze, das heißt in Antiochia, zubringen würden. Dass sie ganz im Gegensatz dazu das Zentrum kaiserlicher Präsenz und Machtausübung für mehrere Generationen vollständig nach Konstantinopel verlegen und die Stadt zu einer wirklichen kaiserlichen Residenz ausbauen würden,

125 Dafür könnte eine rund 3000 m² umfassende Plattenpflasterung aus Marmor sprechen (so auf www.hurriyetdailynews.com vom 14. Oktober 2011).

126 Evagr., HE 1, 18 zufolge lag der Bau hinter der Stoa des Callistus, gegenüber „dem Forum", wo sich auch das Hauptquartier der Strategoi befand. Indes ist unklar, ob es sich bei der von Evagrius genannten Platzanlage um das Valensforum handelt. Vgl. Downey 1961, 625–628.

127 Deshalb hatte man auch die Drohung Julians, seine Residenz nach Beendigung des Perserfeldzugs nach Tarsus zu verlegen, keineswegs auf die leichte Schulter genommen. – Dass Antiochia Konstantinopel überlegen war, hat auch damit zu tun, dass Konstantinopel zunächst und bis in die Mitte des 4. Jhs. lediglich eine übliche tetrarchische Residenz war und eben nicht *die* Hauptstadt.

war zunächst nicht absehbar[128]. Es ist unter diesen Umständen nicht ausgeschlossen, dass die theodosianische Südstadterweiterung, mit der wir uns im Folgenden etwas näher beschäftigen wollen, mehr als nur eine demographisch oder wirtschaftlich unausweichliche Baumaßnahme war, sondern nicht zuletzt ein Ausdruck der engen Verbindungen zwischen Stadt und Kaiserhaus, ein Gunstbeweis, der kompensatorischen Charakter hatte und Verwaltung und Bevölkerung vom Wohlwollen des Kaisers für die städtischen Angelegenheiten überzeugen sollte.

Mit der Südstadterweiterung ist Antiochia erstmals seit der hellenistischen Gründungsphase wieder einem regelrechten Ausbau unterworfen worden, der nicht nur architektonisch, sondern auch städtebaulich spürbar war. Dieser Stadtumbau fällt, wie Downey nachgewiesen hat, in die Regierungszeit Theodosius' II. (408–450) und muss kurz nach 438 in Szene gesetzt worden sein, als die Kaiserin Eudocia Antiochia besuchte[129].

Die Südstadterweiterung gehört nach ihrem Bauvolumen zu den bedeutendsten strukturellen Veränderungsprozessen der späten römischen Kaiserzeit in Antiochia. Den Hintergrund für die Baumaßnahme, die den Kaiser und seine Frau in eine Reihe mit den großen Gönnern Antiochias stellte[130], bildete das nach der Perserkatastrophe des mittleren 3. Jahrhunderts einsetzende Bevölkerungswachstum und eine überaus günstige wirtschaftliche Entwicklung während fast des gesamten 4. Jahrhunderts[131]. Die daraus resultierende Bautätigkeit scheint selbst in den für Antiochia schwierigen Jahren der Herrschaft Julians sowie in den ebenso krisenhaften 380er-Jahren nicht abgerissen zu sein. Die Nachrichten über Baumaßnahmen zeigen vielmehr, dass die neue Nobilität weiterhin Geld in öffentliche Bauvorhaben investierte, also ein gewisses Maß an Munifizenz erhalten geblieben war. In dieser Zeit, das heißt wohl im Wesentlichen während des 4. Jahrhunderts, entstand entlang der alten städtischen Hauptachse eine unbefestigte, aber sicher nicht völlig planlos wachsende Vorstadt mit entsprechender Infrastruktur. Ihre Entwicklung hatte als unmittelbare Folge des städtischen

128 Anscheinend hat nach 378 kein Kaiser mehr in Antiochia residiert oder die Stadt auch nur besucht (freundliche Mitteilung von Gavin Kelly). Erst Heraklios (610–641) hat die Stadt 634 zum militärischen Hauptquartier im Kampf gegen die Araber gemacht, sie aber bereits nach der Schlacht am Yarmuk 636 verlassen.

129 Downey 1961, 450–456. Downey 1941 wendet sich unter Berufung auf Evagr., HE 1, 20 überzeugend gegen die Überlieferung bei Ioh. Mal., Chron. 267, 91–268, 14 (13, 39), der die Südstadterweiterung Theodosius I. zuschlägt. Das genaue Datum der Baumaßnahme und ihre Dauer bleiben indes offen.

130 Evagr., HE 1, 20 zufolge wurde die Kaiserin durch ein Bronzestandbild geehrt: das könnte mit ihrer Rolle bei der Stadterweiterung zu tun haben.

131 Vgl. Liebeschuetz 1972, 92–100.

Wirtschaftswachstums zum einen mit der zunehmenden Bedeutung Daphnes zu tun, das neben seiner Rolle als Villenvorort der reichen Aristokratie und der zu Wohlstand gelangenden Großgrundbesitzer- und Händlerschicht nun zunehmend auch wirtschaftliche Funktionen an sich zu binden begann. Auch der zweite Grund für das Ausgreifen der Stadt nach Süden dürfte wirtschaftlicher Natur gewesen sein. Vor den Toren der kaiserzeitlichen Stadt muss schon recht früh ein wichtiger Flusshafen entstanden sein, da im Stadtgebiet selbst wegen der flussseitigen Fortifikationen keine oder nur sehr eingeschränkte Möglichkeiten zum Frachtumschlag bestanden. Die zunehmende wirtschaftliche Bedeutung von Seleukia Pieria als internationaler Exporthafen für die Güter der Antiochene und für die Versorgung der Stadt mit Importen aus Nah und Fern könnte zu einer Expansion des Flusshafens geführt haben, so dass in der Zeit Theodosius' II. seine Integration in das Stadtgebiet aus verschiedenen Gründen wünschenswert erschien.

Die Erweiterung nach Süden mag zugleich als Indiz für einen Stadtumbau größeren Stils gewertet werden. Denn es scheint, als habe der starke Bevölkerungszuwachs im 4. Jahrhundert die Kapazitäten der Metropole auf eine harte Probe gestellt. Ein Problem scheint darin bestanden zu haben, dass die ,Neustadt', das heißt die ,Insel' im Norden des Stadtgebietes, eine großräumige, der zivilen Nutzung (vor allem dem Wohnbau) weitgehend entzogene Bausubstanz aufwies[132]. Die kaiserliche Residenz, die beiden Hippodrome, wenigstens ein monumentales Tempeltemenos, ein halbes Dutzend Thermenanlagen und eine offenbar umfangreiche, hochherrschaftliche Hausbebauung alleine – und das ist nur der durch Ausgrabungen bekannte Denkmälerbestand – dürften grob geschätzt 50 Prozent der Fläche der ,Insel' in Anspruch genommen haben. Das starke Bevölkerungswachstum im 4. Jahrhundert könnte den Druck auf das Stadtzentrum noch erhöht und den Wunsch nach Stadterweiterungsflächen in den wirtschaftlich vitalen Partien der Kapitale, vor allem an der südlichen Peripherie zwischen Antiochia und Daphne verstärkt haben. Dass die ,Insel' nach dem schweren Erdbeben von 458 an Bedeutung einzubüßen begann und mit dem justinianischen Stadtumbau 540 praktisch aufgegeben wurde, jedenfalls von nun an *extra muros* lag[133], darf als Beleg für einen mittelfristigen, möglicherweise schon im späten 4. Jahrhundert einsetzenden Veränderungsprozess in der Stadtraumstruktur angesehen werden, aus dem Theodosius II. mit der Süderweiterung die urbanistischen Konsequenzen zog.

---

132 Dass die ,Neustadt' im Wesentlichen öffentliche Bebauung aufwies, bezeugt Evagr., HE 2, 12, wenn er schreibt, dass das Areal „dank der Freigebigkeit der miteinander wetteifernden Kaiser außerordentlich ausgebaut war" (tr. Hübner).

133 s. dazu ausführlich im folgenden Abschnitt.

Leider liegen Art und Umfang der Stadterweiterung derzeit noch weitgehend im Dunkeln.

Das Neustadtareal wurde Malalas zufolge durch eine neue Mauer gesichert, die ihren Ausgang im Westen vom Philonautator nahm[134]. Seinem Namen nach dürfte es, wenn nicht am Orontes selbst, so doch in seiner Nähe gelegen haben und stand möglicherweise im Zusammenhang mit einem Flusshafen am südlichen Stadtrand[135], dessen Einbeziehung in das Stadtgebiet vielleicht einen zusätzlichen Anreiz für die theodosianische Erweiterungsmaßnahme bildete. Denn unter logistischen Gesichtspunkten war dieses Areal für den Warenverkehr mit Seleukia Pieria besonders gut geeignet[136].

Der weitere Verlauf der Mauertrasse, deren in der Ebene gelegener Teil in der Zeit um 1830 niedergelegt wurde[137], lässt sich aus den Zeichnungen von Louis-François Cassas aus den 1780er-Jahren[138] (Abb. 14), aus einigen noch in den 1930er-Jahren erhaltenen Resten (Abb. 15)[139] und unserer Kartierung (Abb. 2), wenn auch nicht in allen Partien mit letzter Sicherheit rekonstruieren. Die Ergebnisse bestätigen in wesentlichen Zügen Malalas' Angaben. Die Trasse wurde so gewählt, dass die Phyrminosschlucht außerhalb der Stadtmauern lag, offenbar, weil man Regulierungsprobleme, wie sie im Fall der Parmeniosschlucht immer wieder auftraten, vermeiden wollte und der Taleinschnitt zudem einen natürlichen Graben im Vorgelände der Mauer bildete (Abb. 16). Die neue Mauer verlief hangparallel zur Phyrminosschlucht und schloss auf dem Silpios, und zwar auf Höhe einer Örtlichkeit, die Malalas „Rhodion" nennt[140], an die dem Kaiser Tiberius

134 Ioh. Mal., Chron. 267, 94–268, 8 (13, 39).

135 Zur Existenz von Flusshäfen vgl. Honigmann 1921, 1191 (nach dem erstmals in trajanischer Zeit mit einem „brauchbaren Flußhafen" zu rechnen sei); De Giorgi 2008, 69 f. Obwohl es wahrscheinlich ist, dass Flusshäfen überwiegend auf der Stadtseite lagen (vgl. Lib., or. 11, 260–262 [tr. Fatouros – Krischer: „Mitten in die Stadt hinein und den Bürgern direkt vor die Haustür bringt er die Güter, so dass selbst Frauen und Kinder die Schiffe entladen können."]), ist auch auf der westlichen Orontesseite durchaus mit Entlademöglichkeiten zu rechnen.

136 Die Bedeutung Seleukias für staatlichen und privaten Warenverkehr wird für das mittlere 4. Jh. bezeugt durch die Expositio 28, 160, 1–7. Hinzukommt die Bedeutung Seleukias als Militärhafen (vgl. Honigmann 1921, 1190–1192), die auch für die Spätantike durch die Erwähnung eines militärischen Flottenverbandes, der *Seleucena classis*, unter Valens, verbürgt wird.

137 Foerster 1897, 129. 133. 141.

138 Cassas 1798, Taf. 3. 5–7. 9. 10. Die Zeichnungen für die Radierungen entstanden im Winter 1784/1785.

139 Reste der Mauertrasse in der Ebene: PUAA, Fotos 2584. 2585. 2586.

140 Zu dem Toponym vgl. Müller 1839, 114; Downey 1961, 453. 556 Anm. 223. Foerster 1897, 128 vermutet eine Toranlage (πόρτα τοῦ Ῥοδίωνος): dagegen Downey 1961, 612 Anm. 5; 618, obwohl eine solche Annahme sprachlich und angesichts der Erwähnung des ‚Gegentores' (Philonauta) nicht völlig von der Hand zu weisen ist.

zugeschriebene „alte Mauer“ an. Das Hauptportal der Neustadt bildete das Daphnetor (auch „Goldenes Tor“ genannt)[141], dessen Zugang wohl über eine Brückenkonstruktion erfolgte, die den Phyrminos überspannte[142]. Für den Mauerbau ließ der Kaiser, so Malalas, historische Bauten abreißen, darunter das „alte Monomacheion“ und einen aus der Zeit Caesars stammenden Aquädukt[143], der die Akropolis von der nach Laodikeia führenden Straße, das heißt von der Ostseite her[144], mit Wasser versorgte; beide befanden sich in theodosianischer Zeit wahrscheinlich bereits in ruinösem Zustand.

Dass die von Cassas gezeichnete Südstadtmauer (Abb. 14) spätantik ist, daran bestehen keine Zweifel, indes bleibt offen, ob sie in theodosianische Zeit gehört. Denn in das Jahrhundert nach ihrer Errichtung um 440 fallen vier schwere Erdbeben (447, 458, 526 und 528) und die persische Eroberung der Stadt im Jahre 540. Das Erdbeben von 458 soll hauptsächlich die ‚Insel‘, also den Nordteil der Stadt zerstört haben[145] und die Perser ließen, so Prokop, die Mauer unangetastet. Unabhängig von der Plausibilität dieser Angaben bleiben aber weiterhin zwei Schadensereignisse, die es fraglich erscheinen lassen, ob die Mauer, die Cassas zeichnete, tatsächlich die theodosianische Befestigung wiedergibt. Zwar scheinen Turmformen und -formate ebenso wie die Bautechnik, ein *opus caementicium* mit einer Kleinquaderschale und Ziegelbanddurchschuß, auf den ersten Blick der theodosianischen Landmauer von Konstantinopel zu entsprechen[146]. Allerdings zeigen sich bei genauerem Hinsehen auch deutliche Unterschiede[147]. So bleiben die Südmauertürme, anders als an der konstantinopler Mauer, in der unteren Hälfte ohne Ziegelbänder, während sie bei den Kurtinen nur bis auf Höhe der Durchgänge hinabreichen. An der Landmauer weisen die Turmscharten nicht

141 Downey 1961, 615 f.

142 Auf der Fotografie PUAA 2587 hat sich eine solche Brückenquerung der Phyrminosschlucht erhalten, wenn auch fraglich sein muss, ob es sich hierbei noch um eine spätantike Konstruktion handelt.

143 Ioh. Mal., Chron. 268, 2–8 (13, 39). Zum Monomacheion: Downey 1961, 156. 408–410. Zum Aquädukt: Downey 1961, 453.

144 Die beiden niedergelegten Altbauten lagen auf der Hangseite des Silpios und damit – das will Malalas sagen – bauplatznah.

145 An dieser auf Evagr., HE 2, 12 zurückgehenden Version hegt Downey 1961, 476–482 wohl zu Recht Zweifel, da in der syrischen Vita des Simeon Stylites d. Ä. ausdrücklich von einer Zerstörung der Stadtbefestigung durch das Erdbeben von 458 die Rede ist (Downey 1961, 476 f. Anm. 5), wovon auch Evagr., HE 1, 13, 20 berichtet. Andererseits haben die über die gesamte Länge der Hauptstraße verteilten ‚Main Street Digs‘ keine Indizien für eine Zerstörung der Kolonnadenstraße im 5. Jh. erbracht (Antioch V, 148).

146 So ohne nähere Begründung Deichmann 1979, 481; zurückhaltend Brasse 2010, 278 f. Zur hauptstädtischen Mauer: Krischen 1938; Meyer-Plath – Schneider 1943.

147 Meyer-Plath – Schneider 1943, 22–37 Taf. 1–9. 19.

selten einen Quadersturz auf, über dem sich ein Zierbogen aus ein oder zwei Ziegellagen wölbt, während die antiochenischen Südmauertürme von Halbkreisbögen eingefasste Fensterfelder aufweisen. Zudem wird man einwenden können, dass eine derartige Bauweise noch in der ersten Hälfte des 6. Jahrhunderts in Syrien weit verbreitet war[148].

Zusätzlich kompliziert wird die Lage noch dadurch, dass die Mauer der Cassas-Zeichnung, was bislang unbeachtet geblieben ist, möglicherweise zwei unterschiedliche Bautechniken zeigt. Die Ziegelbandtechnik erscheint, wenn nicht alles täuscht, nur in der Ebene, während die Türme schon unterhalb der ‚Bastion' eine reine Quaderverkleidung aufweisen. Ob daraus auf zwei Bauphasen geschlossen werden kann, muss bis auf Weiteres allerdings offenbleiben.

Natürlich war es bei der Südstadterweiterung nicht mit der Anlage einer neuen Stadtmauer getan. Die eigentliche Leistung dürfte in der urbanistischen Anbindung des neuen Quartiers an die Altstadt bestanden haben, von der wir uns archäologisch kein rechtes Bild machen können[149]. Verbürgt ist nur, dass die alte kaiserzeitliche Mauer auch nach der Errichtung der theodosianischen Befestigung Bestand hatte[150]. Auf diese Weise blieb die Grenze zwischen der Altstadt und dem Stadterweiterungsgebiet deutlich spürbar.

Die „alte", frühkaiserzeitliche Mauer ist leider nicht erhalten[151]; sicher kann nur sein, dass sie nördlich der beiden Nekropolen verlief, die in vortheodosianischer Zeit natürlich *extra muros* gelegen haben müssen[152]. Wenn die Orontesbrücke (Abb. 16) und das zugehörige Brückentor bereits kaiserzeitlich sein sollten, würde das Areal zwischen der auf die Orontesbrücke zulaufenden Straße und der Nekropole die Grenze zwischen Altstadt und Erweiterungsviertel markieren. Wo die alte Mauer auf die neue traf, Malalas' „Rhodion", läßt sich nicht entscheiden.

---

148 Lauffray 1983, Taf. 5 a–d; Deichmann Taf. 166,2 (Halebiye). Vgl. auch Qaṣr ibn Wardān und Anderin/Androna (Deichmann 1979, 488–496).

149 Bei den Ausgrabungen der 1930er-Jahre sind in dem dicht bebauten Viertel erwartungsgemäß nur wenige unzusammenhängende und deshalb schwer deutbare Befunde angefallen, die größtenteils unpubliziert geblieben sind.

150 Evagr., HE 1, 20 sah Reste der Mauer noch im späteren 6. Jh. Die Angabe ist durchaus glaubhaft, da derartige Stadtteilmauern im griechischen Städtebau Tradition hatten. Vgl. Sokolicek 2009.

151 Ob Evagrius mit der „alten Mauer", von der zu seinen Lebzeiten, d. h. am Ende des 6. Jhs., noch deutliche Reste erhalten waren (Evagr., HE 1, 20), diese frühkaiserzeitliche oder die theodosianische Mauer meint, ist nicht zweifelsfrei zu entscheiden.

152 Zu den bis auf einige Mosaiken unpublizierten Nekropolen (s. u.) vgl. Antioch II, 1 (Kampagne 1934) und Levi 1947, 291–304, der in Sachen Datierung nur vage von „between the fourth and the fifth century A.D." spricht, ohne zu erwähnen, dass die theodosianische Mauerbaumaßnahme einen *terminus ante quem* darstellt.

Aus topographischen Gründen liegt es allerdings nahe, die Anschlussstelle im flacheren Abschnitt des südlichen Silpiosbereichs zu suchen.

Träfen diese Annahmen zu, wäre die Neustadterweiterung mindestens 350 m tief gewesen und hätte eine Fläche von rund 35–47 Hektar umfasst, was etwa 7–10 Prozent des bisherigen Stadtgebietes in der Ebene entsprach (Abb. 1); die neue Mauer hätte eine Länge von mindestens einem Kilometer besessen.

Gemessen an der theodosianischen Stadterweiterung von Konstantinopel wäre das freilich nur ein bescheidener Zuwachs gewesen. Zudem scheint eine solche ‚kleine Lösung', wie sie schon Downey vorgeschlagen hat (Abb. 1), im Widerspruch zu einer Passage bei Malalas zu stehen, in der der Chronist davon berichtet, dass sich die neue Bebauung „über eine ganze Meile hinweg" erstreckte[153]. Man wird einwenden können, dass mit der Angabe weder die Ausdehnung noch der Umfang der Neustadterweiterung gemeint ist, denn Malalas spricht lediglich davon, dass die Stadt „viele Gebäude außerhalb der Stadtmauer aufweise, über eine ganze Meile hinweg", nicht, dass bei der theodosianischen Stadterweiterung auch wirklich die gesamte Bebauung in die neue Ummauerung integriert wurde[154].

Die Kartierung des osmanischen Antakya, dessen Wegesysteme das antike Straßennetz aufnehmen[155], lässt zunächst nur auf eine regelmäßige Insulagliederung in weiten Partien des südlichen Stadtgebietes schließen. Die Grenze des orthogonalen Straßenrasters, das sich an der nordsüdlich ausgerichteten Hauptstraße (Kurtuluş Caddesi) orientierte, verläuft demnach etwa 150 m südlich der Kemal Paşa Caddesi, also knapp südlich des Brückentores. Jenseits dieser Linie beginnt die Wegeführung stärkere Unregelmäßigkeiten aufzuweisen. Es ist zugleich die Region, an deren Ostrand, in den unteren Hangbereichen des Silpios, eine oder mehrere – ursprünglich außerstädtische – Nekropolen liegen[156], die offenbar bis in das spätere 4. Jahrhundert in Benutzung waren[157].

153 Ioh. Mal., Chron. 267, 91–94 (13, 39): „ἐπὶ μίλιον ἕνα" (tr. Thurn).

154 Fasst man Malalas anders auf, wie dies Saliou (2013) kürzlich getan hat, würde die alte, frühkaiserzeitliche Stadtmauer weit, das heißt „eine Meile", in das Stadtzentrum rücken, mit derzeit unabsehbaren Folgen für unser Bild von der städtebaulichen Entwicklung Antiochias im Hellenismus und in der frühen Kaiserzeit. Eine solche Alternative, die auf der Kombination mehrerer Schriftquellen beruht, ist im Lichte unserer neuen Theorien zur Stadtentwicklung (Brands 2010, 4) keineswegs auszuschließen, bedarf aber einer sorgfältigen Überprüfung von archäologischer Seite.

155 Pinon 2004, 198–201 Abb. 1–8, bes. 3–5.

156 Bei den Nekropolen handelt es sich um den ‚Sari Mahmoud Cemetery' und den ‚Cemetery of Mnemosyne' in den Sektoren 24-K und 24-L.

157 Die von der franko-amerikanischen Expedition dokumentierten Grabbauten sind ebenso wie die stratigraphisch relevanten Grabungsbefunde unpubliziert geblieben. Lediglich zwei Mosaiken

Konzept und Umfang der theodosianischen Stadterweiterung sind gegenwärtig also nur bruchstückhaft erschließbar. Ein Besucher wird, so viel dürfte feststehen, die Südstadt allein schon aufgrund der beiden Befestigungen als Quartier mit ganz eigenem Charakter wahrgenommen haben. Das Viertel erinnerte damit vielleicht stärker als jedes Einzelbauwerk in Antiochia unmittelbar an den Kaiser. Ob der die Gelegenheit nutzte, der Südstadt abseits aller Infrastrukturmaßnahmen ein Gesicht zu geben, das sich als Pendant zur theodosianischen Baupolitik in der Hauptstadt verstehen ließe, ist eine interessante, aber vorerst unlösbare Frage.

VI Wiederaufbau: Justinian – Katastrophenbewältigung und Stadtbildpflege

Die theodosianische Südstadterweiterung war der letzte Stadtumbau großen Stils in der Geschichte Antiochias, der nicht auf militärische Zerstörungen oder Naturkatastrophen zurückging. Schon mit dem Erdbeben von 458 begann städtebaulich möglicherweise ein neues Kapitel. Über das Ausmaß der Zerstörungen durch das Erdbeben von 458 sind die literarischen Quellen indes uneins, zum Wiederaufbau schweigen sie[158]. Dagegen ist sicher, dass die Veränderungen, die Antiochia unter Kaiser Justinian erlebte, eine im engsten Sinn städtebauliche Dimension besaßen. Das großangelegte Bauprogramm war das Resultat einer beispiellosen Katastrophenserie, die sich in nur knapp zwanzig Jahren, zwischen 525 und 542, ereignete und doch einschneidend genug war, einen Stadtumbau ungekannten Ausmaßes nach sich zu ziehen; es sollte der letzte Versuch sein, die antike Stadt, das „Große Antiochia" alter Prägung zu revitalisieren.

Das Horrorszenario der Jahre zwischen 525 und 542 ist oft genug beschrieben worden[159], so dass wir uns hier kurz fassen können. Schon die Brand- und Erdbebenkatastrophen der Jahre 525, 526 und 528 begreift die zeitgenössische Chronistik als einheitlichen Geschehniszusammenhang, in dem sich göttlicher Zorn manifestiert[160]. Bereits die Auswirkungen des Erdbebens von 526 waren verheerend: Prokop von Gaza beklagte das Schicksal der Stadt in einer nicht

---

wurden vorgelegt, von denen Levi 1947, 291–304. 626 das prominente Mnemosyne-Mosaik aus stilistischen Gründen in die 2. Hälfte des 4. Jhs. datierte. Alle späteren Bearbeiter haben sich dieser Datierung angeschlossen: Campbell 1988, 77 f.; Kondoleon 2000, 121 f. (R. Molholt); Becker – Kondoleon 2005, 196–207 (R. Molholt – Chr. Kondoleon).

158 Vgl. zusammenfassend Downey 1961, 476–480.

159 Vgl. Downey 1961, 519–557.

160 Meier 2003, 345–359; Meier 2009.

überlieferten Monodie und Malalas konstatiert, dass die christusgeliebte Stadt (ἡ χριστοφιλὴς Ἀντιόχεια) seither ἄχρηστος, unbrauchbar, gewesen sei[161]. Die Katastrophe, die angeblich 250.000 Menschen das Leben gekostet hat, führte zu einem Exodus der überlebenden Bevölkerung[162]. Das Ereignis fand Eingang in den liturgischen Kalender und wurde, nichts Ungewöhnliches für die Spätantike, seither öffentlich kommemoriert. Die Schönheit der Stadt, so schreibt Theophanes, sei dahin gewesen[163]. Der Wiederaufbau – unversehrt geblieben waren nur „die dem Berg entlang liegenden Häuser"[164] – hatte kaum in vollem Umfang eingesetzt, als die Stadt und ihre durch zahlreiche Nachbeben demoralisierten Bewohner im November 528 von einem zweiten Erdbeben getroffen wurden. Während die Opferzahlen sich gegenüber dem ersten Erdbeben mit knapp 5.000 Toten in Grenzen hielten, wurden, so heißt es, alle Bauten, die bis dahin überlebt hatten, zerstört[165]. Für einen gezielten Wiederaufbau blieb wenig Zeit. Im Juni 540 eroberten die Perser unter Chosrau I. Antiochia[166] und zerstörten es, wenn man den Quellen glauben darf, mit Ausnahme der Stadtmauern weitgehend. Verschont blieb das Kerateionviertel im Süden der Stadt[167], in dem möglicherweise das theodosianische Stadterweiterungsgebiet zu erkennen ist[168]. Aufgrund der Verwüstungen der Jahre 525 bis 528 fanden die Perser möglicherweise eine

---

161 Ioh. Mal., Chron. 346, 14 (17, 16): „Und davon ward das christusgeliebte Antiocheia zu einem Nichts."

162 Auch Malalas hat die Stadt nach dem Erdbeben von 526 verlassen: Downey 1961, 528 Anm. 111.

163 Theophan., Chron. 173 (tr. Mango – Scott 1997, 264): „Every house and church collapsed and the beauty of the city was destroyed." Auch Ioh. Mal., Chron. 369, 78–370, 88 (18, 27) berichtet, dass die Stadtmauern zerstört wurden. Die von den Persern 540 intakt belassenen Mauern wären demzufolge weitgehend Neubauten der Jahre nach 528 gewesen.

164 Ioh. Mal., Chron. 347, 2–3 (17, 16). Die Angabe ist nicht selbsterklärend, da weder „am Hang" noch „am Fuße des Hanges" gelegene Häuser bei einem Erdbeben, bei dem gerade im Hangbereich mit Steinschlag zu rechnen ist, eine sonderlich sichere Lage bieten.

165 Theophan., Chron. 177 (tr. Mango – Scott 1997, 270): „All the buildings fell to the ground, even the walls as well; and those old buildings that had not fallen in the first earthquake now collapsed. All the magnificence with which the city had been invested through acts of generosity by the emperor and through the buildings erected by citizens at their own expense, was all destroyed."

166 Downey 1961, 533–546.

167 Prok., Pers. 2, 10, 7.

168 Man kann sich fragen, ob das theodosianische Stadterweiterungsviertel, das offenbar mit dem von Prokop erwähnten Kerateionviertel identisch war, die Perserzerstörung von 540 überlebte, weil es ganz oder teilweise durch die frühkaiserzeitliche Mauer (s. o. S. 33 Anm. 142) vom übrigen Stadtgebiet abgeschirmt wurde.

halbzerstörte Stadt vor, die verhältnismäßig leicht „dem Erdboden gleichzumachen“ war[169].

Das Desaster, das sich zu einem Trauma der römischen Nahostpolitik entwickelte, war ein schwerer Schlag für das römische Prestige in der Region, und stellte die Legitimation Justinians und seiner Regierung in Frage. Der Kaiser, dessen verfehlte Perserpolitik ihn in den Augen der Bevölkerung für das Unheil verantwortlich machte, konnte es sich nicht erlauben, die Stadt links liegen zu lassen. Obwohl sich Justinian mit starker Hand und unter Einsatz großer Geldsummen als Herr der Lage zu erweisen versuchte und sich des Wiederaufbaus energisch annahm, scheinen die herkömmlichen Bewältigungsstrategien nicht gegriffen zu haben. Während man nach dem Beben von 526 den nördlichen Silpiosausläufer nach einer Kreuzesvision auf den Namen „Staurin“ getauft hatte[170], griffen die paralysierten Überlebenden des Jahres 528 sicherheitshalber gleich zu einer Umbenennung des „großen Antiochia“ (Ἀντιόχεια ἡ μεγάλη) in das demütige Theoupolis.[171] Diese Namensänderung war nicht nur politisch und theologisch, sondern auch städtebaulich und architektonisch folgerichtig, denn das alte Antiochia existierte spätestens seit 540 endgültig nicht mehr[172].

Es stellt sich die Frage, ob das justinianische Bauprogramm tatsächlich den Charakter eines Wiederaufbaus besaß oder nicht vielmehr einem Neuaufbau gleichkam, vergleichbar der Situation, wie sie sich in Deutschland nach dem Zweiten Weltkrieg in vielen Städten bot.

Die Frage ist umso berechtigter, als die Stadt nur zwei Jahre nach der persischen Eroberung, 542, von einer Pestepidemie getroffen wurde, die, so glaubt die Forschung zu wissen, rund 25 bis 30 Prozent der Reichsbevölkerung das Leben kostete[173]. Die Auswirkungen mögen regional unterschiedlich ausgefallen sein; und doch ist kaum bestreitbar, dass der Pest neben anderen Faktoren wie Krieg und Erdbeben ein entscheidender Anteil an den Veränderungen der spätantiken Stadtkultur in Antiochia wie überhaupt im syrischen Raum beizumessen ist.

Dass Justinian den Wiederaufbau der Stadt ohne erkennbares Zögern in Angriff nahm, wird man indes als Zeichen für das unbeirrbare Vertrauen werten

---

169 Prok., Pers. 2, 10, 5.

170 Downey 1961, 523.

171 Downey 1961, 529.

172 Es ist teils verbürgt, teils wahrscheinlich, dass schon nach den Erdbeben von 341 und 458 sowie zahlreichen nicht im Einzelnen belegten Flut- und Brandkatastrophen mehr oder minder durchgreifende Wiederaufbaumaßnahmen stattfanden, die die historische Bausubstanz stark dezimiert haben dürften. Die Katastrophenserie zwischen 525 und 540 wird sie, wenn man die Quellen ernst nimmt, auf ein Minimum reduziert, wenn nicht vollständig beseitigt haben.

173 Downey 1961, 553–557; Meier 2003, 321–340; Meier 2005, 93–95.

müssen, dass Antiochia auch unter den dramatisch veränderten Bedingungen seine politisch-administrative, militärische und ökonomische Rolle wieder einnehmen könnte. Ob man in dieser Situation Zeit, Geld und Bewusstsein hatte, die Stadt historisierend oder gar mit denkmalpflegerischer Sorgfalt wieder aufzubauen, ist fraglich. In erster Linie ging es wohl um die Wiederherstellung der Funktionstüchtigkeit der Stadt. Es ist nicht ausgeschlossen, dass aus der einst für ihre Schönheit gefeierten Metropole auf diese Weise eine eilig hergerichtete Stadt ohne Eigenschaften wurde.

Grundaxiom für den Wiederaufbau war der dramatische Bevölkerungsrückgang, der eine deutliche Verkleinerung des Stadtgebietes nach sich zog. Die Siedlungsfläche in der Ebene schrumpfte um mehr als 40 Prozent auf etwa drei Quadratkilometer: auch damit war Antiochia freilich immer noch eine der größten Städte der Levante. Über die Gründe dafür, dass die Retraktion des Stadtgebietes im Wesentlichen zu Lasten der auf der Orontesinsel gelegenen ‚Neustadt' ging, lässt sich derzeit nur spekulieren. Unter urbanistischen Gesichtspunkten war die ‚Insel', wie wir bereits sahen[174], von großflächigen öffentlichen Bauten geprägt und scheint bis in die Mitte des 5. Jahrhunderts hinein dicht besiedelt gewesen zu sein. Schon das schwere Erdbeben vom September 458 dürfte diese Situation gründlich verändert haben, denn Evagrius zufolge wurde die ‚Neustadt' am schwersten in Mitleidenschaft gezogen und „fast alle" ihre Bauten zerstört[175]; wahrscheinlich wurde sie seitdem nur noch eingeschränkt genutzt[176]. Die Reduzierung der Siedlungsfläche unter Justinian zog also wahrscheinlich nur die Konsequenzen aus einer Entwicklung, die schon kurz nach der Mitte des 5. Jahrhunderts eingesetzt hatte. Sie war umso leichter zu verschmerzen, als die ‚Insel' überwiegend Bauten aufwies, die für die Funktionstüchtigkeit der spätantiken

174 s. o. S. 32.

175 Evagr., HE 2, 12. Evagrius (535 – nach 593), der seine Kirchengeschichte (vom ersten Ökumenischen Konzil 431 bis zur Herrschaft des Kaisers Maurikios im Jahr 593/594) stark auf Malalas stützte (vgl. zum Werk die Einleitung zu der Übersetzung von Whitby 2000, S. XIII–LXIII), erwähnt in erster Linie den Palast, der partienweise zerstört wurde, und seine Umgebung (Portiken des Palastzugangs, Tetrapylon, Hippodrom). Bei Theophan., Chron. 110 (tr. Mango – Scott 1997, 170) heißt es dagegen, dass „almost the whole city of Antioch collapsed in a terrible earthquake".

176 Johannes Rufus (Ioh. Ruph., Pleroph. 88) berichtet von einem Einsiedler, der in einem Zelt in der Nähe des Palasteingangs lebte (Downey 1961, 514). In der Nähe war auch ein Walker ansässig. Die ‚Insel' war in gewissem Sinne also durchaus noch bewohnt und vielleicht sogar als Geschäftsbezirk von einer gewissen wirtschaftlichen Bedeutung (so auch Poccardi 2001, 157). – Rufus schrieb seinen Text in der Zeit von Bischof Severus von Antiochia (512–518), doch könnte der Text die Situation vor Rufus' Berufung nach Palästina im Jahr 485 beschreiben (so Guidetti 2010, 93 Anm. 30).

Stadt entweder nicht substantiell waren oder durch Alt- und Neubauten *intra muros* kompensiert werden konnten[177].

Die militärische Infrastruktur

Den Ausgangspunkt des Stadtumbaus bildete die militärische Reorganisation. Diese Aufgabe muss im Silpiosbereich relativ problemlos zu realisieren gewesen sein, denn die Perser hatten, Prokop zufolge, die Mauern unzerstört gelassen[178]. Dennoch folgte die justinianische Mauer erstmals nicht mehr auf ganzer Länge der hellenistisch-kaiserzeitlichen Geländemauer (Abb. 2). Sie hatte ihre Untauglichkeit, wie Prokop beklagt, mehrfach, zuletzt während des Persersturms von 540 unter Beweis gestellt, vor allem, weil sie nach seinen Worten „unnützerweise" Siedlungsareale einschloss, die mittlerweile offensichtlich nicht mehr oder nur noch sehr eingeschränkt genutzt wurden und deshalb potentielle Gefahrenquellen darstellten. Das galt zum einen für das Parmeniosmassiv (Abb. 17), von wo aus nach unseren Erkenntnissen die persische Eroberung ihren Ausgang genommen hatte[179]. Zum anderen führten derartige Überlegungen zur Aufgabe des alten hellenistischen Siedlungsareals auf dem Staurinsattel (Abb. 17), der nach dem Keramikbefund mindestens bis in die erste Hälfte des 6. Jahrhunderts besiedelt war[180], bevor er aus dem Siedlungsverband ausgegliedert wurde.

Konsequenterweise wurden, wie wir feststellen konnten, aus militärischen Gründen die Verbindungen mit der alten Mauertrasse gekappt und die Verbindungsmauern zum Parmeniosmassiv auf einer Länge von etwa 350 m niedergelegt; übrigens ganz in Übereinstimmung mit Prokops Beschreibung. An der Nahtstelle, die nach unseren Ergebnissen auf Höhe des Südrands des mittelalterlichen Kastells zu lokalisieren ist, wurde an die alte Geländemauer eine neue Kurtine angeschlossen. Sie verläuft von der Nordspitze des Silpios aus in un-

177 So zum Beispiel die von Prokop unter den justinianischen Neubauten geführten Thermen, falls Neubauten nach dem demographischen Aderlass und der Aufgabe des Siedlungsareals überhaupt in größerem Stil notwendig waren. Wichtige Bauten wie der Hippodrom – eine Baugattung, die traditionell *extra muros* lag – konnten auch nach der Verlegung der Stadtmauer weiterhin bespielt werden.

178 Prok., Pers. 2, 10, 9. Dennoch müssen einige Instandsetzungsarbeiten durchgeführt worden sein. In diesen Zusammenhang gehört möglicherweise Turm 20 auf dem Silpios, dessen Bautechnik gut mit der sicher justinianischen Nordmauer zusammengeht (Brasse 2010, 279).

179 Auf die entsprechenden Befunde werde ich an anderer Stelle zurückkommen.

180 Unpublizierte Befunde zweier Keramiksurveys, die im Kontext von geophysikalischen Prospektionen in den Kampagnen 2004 (G. Brands) und 2005 (F. Çevrici) unternommen wurden. Zum letzteren vgl. zusammenfassend Pamir u. a. 2008, 407–409.

wegsamem Gelände und überwindet auf diesem überaus steilen Streckenabschnitt von etwa 500 m Länge einen Höhenunterschied von 275 m (Abb. 17. 18). Die Mauer ist bautechnisch recht homogen, auch wenn sie sicher in mehreren Bauabschnitten errichtet wurde. Auch sie entspricht übrigens bautechnisch den Angaben von Prokop. Ihre Rechtecktürme, die von kleinen Pforten flankiert werden, weisen Zisternen auf, die diesen schwer erreichbaren Mauerabschnitt und seine Besatzung logistisch in gewissem Umfang unabhängig machten. Die Nordmauer quert die Parmeniosschlucht auf Höhe des ‚Eisernen Tores', um dann – bis zum Eintritt in die Ebene – dem Rand des Staurinplateaus zu folgen.

Wie am Silpiosnordhang und auf dem Staurin musste die Mauer, einschließlich Turmierung und Stadttoren, beim justinianischen Wiederaufbau auch in der Ebene völlig neu angelegt werden. Ihr Verlauf orientierte sich offensichtlich an dem Oronteskanal[181], der die ‚Neustadt' seit hellenistischer Zeit vom übrigen Stadtgebiet absetzte und der in justinianischer Zeit vielleicht noch einmal neu gefasst wurde. Entlang der westlichen, orontesseitigen Mauerseite war es aus fortifikatorischen Gründen vielleicht nötig, eine völlig neue Kanaltrasse anzulegen[182]. Von der *opus-caementicium*-Mauer waren um 1800 und selbst in den 1930er-Jahren noch beträchtliche Partien erhalten (Abb. 19. 20)[183], während sie sich heute nur noch in den östlichen Partien in mäßigem Zustand auf einer Länge von etwa einem Kilometer verfolgen lässt.

Zu den anspruchsvollsten Bauaufgaben im Kontext der Fortifikationsarchitektur gehörte der Neubau der Stadttore in der Ebene. Von ihr geben uns die Zeichnungen, die Cassas bei seinem Aufenthalt im Winter 1784/1785 vom sogenannten Paulstor angefertigt hat, einen gewissen Eindruck (Abb. 21)[184]. Bei der am nördlichen Staurinabhang gelegenen Anlage handelt sich wahrscheinlich um ein eintoriges Binnenhoftor mit Doppelturmflankierung, das durch einen Graben gesichert war und möglicherweise ein Vortor aufwies, eine Bauform, die in der

181 Besonders deutlich ist dies im nordöstlichen Bereich (Sektor 11-R/12-R), wo die Mauer zweimal im rechten Winkel umbricht.

182 Über den Verlauf des Kanals im Hellenismus und in der Kaiserzeit ist nichts Genaues bekannt. Es ist denkbar, dass er auf Höhe des Parmeniosbettes (Sektor 13/14-J) in den Orontes einmündete, wie Leblanc und Poccardi vermuten (vgl. Leblanc – Poccardi 2004, 249 Abb. 1). In justinianischer Zeit hat man den Kanal im südlichen Abschnitt offenbar stadtmauernah parallel zum Orontes geführt. – Eine Parallele für den Vorgang bietet Mailand, wo vermutlich unter Maximian der Seveso im Zuge eines tiefgreifenden Stadtumbaus umgeleitet wurde. Auch im 5. und 6. Jh. sind Um- und Ausbauten des städtischen Kanalsystems nachweisbar (Haug 2003, 71 f. 80 f.).

183 Der südlichste Ausläufer dieser Mauer wurde im Bereich des sogenannten Brückentores bei Grabungen im Jahr 1937 angetroffen (‚Bridge Dig'). Die Ergebnisse sind unpubliziert geblieben (PUAA, Excavation Diary 1937 vol. 1). Kurze Erwähnung: Antioch III, 19.

184 Cassas 1798, Taf. 5. 6.

spätantiken Fortifikationsarchitektur zahlreich vertreten ist[185]. Ebenso wie dieser monumentale Stadtzugang an der Hauptstraße war wohl auch das einzige archäologisch nachgewiesene Tor der justinianischen Mauer in der Ebene eintorig. Es handelt sich um das sogenannte Bab el-Kelb (‚Porta Canis'), das an der Nordwestflanke der neuen Stadt lag[186]. Es scheint auf eine der Orontesbrücken ausgerichtet gewesen zu sein und damit auf die am linken Ufer gelegene Straße nach Alexandria ad Issum (İskenderun). Nach dem Grabungsbefund handelte es sich um ein eintoriges Mauer- oder Binnenhoftor, das einen plattengepflasterten Vorhof oder wenigstens eine platzartig erweiterte Straßenfläche im Vorfeld des Tores besaß (Abb. 22). Wenn die beiden Gebälkfragmente, die bei den Ausgrabungen im Torbereich angetroffen wurden[187], tatsächlich zu der Toranlage gehören, hätte der Bau, wie das Paulstor und die justinianische Mauer insgesamt, nach Größe, Bauart und Ausstattung durchaus repräsentativen Charakter besessen.

Zu den justinianischen Baumaßnahmen, mit denen die Lehren aus dem Perserdebakel gezogen wurden, gehörte nach Prokop schließlich die Verbesserung der militärischen Infrastruktur im Bereich der neuen Mauer. „Innerhalb des Mauerrings aber", weiß Prokop zu berichten, „ließ Justinian das ursprünglich felsige Gelände vollständig einebnen und dort nicht nur für Fußvolk, sondern auch für Reiter, ja sogar für Fuhrwerke künftighin benützbare Straßen anlegen"[188]. Die Angabe ist schon früh als unglaubwürdig verworfen worden[189]; wie sich bei unserem Survey zeigte, möglicherweise zu Unrecht. Am westlichen Silpioshang konnten mehrere, bis zu 430 m lange Abschnitte einer hangparallelen Bruchsteinmauer nachgewiesen werden (Abb. 2. 23). Bei einer Höhe von 2–3 m ist sie etwa 10 Grad gegen den Hang geböscht und besteht aus grob geglätteten

---

185 Vgl. Resafa: Karnapp 1976, 28–44; Brands 2002, 180–211. – Halabiya: Lauffray 1983, 125–132 Abb. 18–37 Taf. 6–8. 14 a. b. – Konstantinopel: Meyer-Plath – Schneider 1943, 37–71 Taf. 1–3. 10.

186 Unpubliziert (kurze Erwähnung: Antioch II, 3). Der Name leitet sich von der kreuzfahrerzeitlichen Bezeichnung eines Stadttores ab, das offenbar mit dem hier beschriebenen spätantiken Bau identisch ist (vgl. zur Lage France 1994, 223. 226–228 Abb. 8). Grabungs- und Baubefund werden im Rahmen der Abschlusspublikation vorgelegt.

187 Antioch III, 164 f. Nr. 163. 164. Die Datierung des Gebälks Nr. 163 in das 3. Viertel des 5. Jhs. ist nicht hinreichend begründet, ebensowenig wie die Annahme, dass Nr. 164 aus stilistischen Gründen später (6. Jh.) gearbeitet wurde und zwar nach dem Vorbild des Gebälkstücks Nr. 163. Ungeachtet handwerklicher Unterschiede besteht meines Erachtens keine Notwendigkeit, die Stücke zeitlich zu trennen.

188 Prok., aed. 2, 10, 14.

189 Müller 1839, 127 f.; Foerster 1897, 134.

Kalksteinblöcken unterschiedlicher Formate[190]. Die Mauer hinterfängt eine zumeist aus dem anstehenden Felsen gearbeitete Wegtrasse von rund 3–4 m Breite mit einer hangseitigen Entwässerungsrinne. Obwohl diese Wegtrasse bislang noch nicht auf ganzer Länge verfolgt werden konnte, deutet einiges darauf hin, dass sie eine Verbindung zwischen dem nördlichen Silpiosareal und der Südmauer herstellte[191], das heißt zwischen zwei strategisch besonders vitalen Partien der neuen Stadtmauer vermitteln sollte. Dass es sich bei der Trasse um eine der „Straßen" handelt, die Justinian im Zuge des Wiederaufbaus als militärische Konsolidierungsmaßnahme nach 540 anlegen ließ, ist eine verführerische und naheliegende, vorerst aber nicht schlüssig beweisbare Vermutung. Die Oberflächenkeramik, vor allem die Scherben aus den Auszwickungen der Böschungsmauer, soweit sie zum gegenwärtigen Zeitpunkt ausgewertet werden konnten, geben einer solchen Annahme allerdings Auftrieb.

Wasserversorgung und Flutschutz: Das ‚Eiserne Tor'

Zu den Baumaßnahmen, die Prokop der städtischen Reorganisation nach 540 zurechnet, gehört das bereits erwähnte ‚Eiserne Tor', dem er eine betont ausführliche Beschreibung gewidmet hat[192].

Der Bau liegt auf einer rund 20 m hohen Felsbarre an der schmalsten Stelle der Parmeniosschlucht (Abb. 24). Die jüngste Bauaufnahme hat ergeben, dass wir es keineswegs mit einer Anlage aus einem Guss zu tun haben, wie lange Zeit angenommen wurde. Die früheste nachweisbare Konstruktion an der Stelle des späteren ‚Eisernen Tores' ist eine vielleicht schon im frühen 2. Jahrhundert n. Chr. errichtete Aquäduktbrücke, über die eine Wasserleitung aus Daphne[193] die Parmeniosschlucht querte. In der zweiten Bauphase wurde das Funktionsspektrum der Anlage durch die Errichtung einer Stadtmauertrasse erweitert, die parallel zur

190 Blocklängen bis ca. 80 cm, Höhe bis ca. 60 cm.

191 Verfolgt man die Straße derselben Höhenlinie folgend nach Norden, gelangt man zum Ansatz der justinianischen ‚Nordmauer' an das Kastell. Alternativ könnte die Fahrstraße ihren Ausgang vom Silpiossattel (auf Höhe des Turmes 24) genommen haben. Schon Downey 1939b, 373 Anm. 1 hatte Prokops Schilderung so verstanden, „that Justinian improved the communications between the city and the fortifications, and that he levelled the ground immediately inside the wall, in order to facilitate the movement of troops".

192 Prok., aed. 2, 10, 15–18. Die Publikation des Bauwerks und der übrigen Wasserversorgung in der Parmeniosschlucht wird von G. Brands, M. Döring und U. Weferling vorbereitet. Vgl. vorerst Brands 2010; Döring 2011.

193 Vgl. zur Wasserversorgung der Stadt bislang Wilber 1938; Downey 1951; Downey 1961, passim (s. v. water supply, aqueducts).

Aquäduktbrücke über die Parmeniosschlucht geführt wurde; zu der Anlage gehörte ein eintoriges Stadttor an der Staurinseite, das noch in den 1930er-Jahren erhalten war. Eine Staumauerfunktion, wie sie Prokop beschreibt, konnte das ‚Eiserne Tor' erst in der dritten Bauphase ausüben, als der Anlage feldseitig eine in derselben Bautechnik errichtete Wandschale vorgeblendet wurde, die den ursprünglichen Brückenbogen vollständig verdeckte. Auf diese Weise entstand eine rund 6,80 m tiefe Talsperre in Form einer Bogenstaumauer: es ist das früheste erhaltene Beispiel für diese noch heute gebräuchliche Bauform. Auf der Talsohle durchstieß eine tonnengewölbte Öffnung, ein sogenannter Grundablass, diese untere Wandscheibe. Zur Abführung des Hochwassers bei gefülltem Stauraum dürfte die obere Wandscheibe Überlauföffnungen besessen haben[194].

Die Querung der Stadtmauer in diesem Teil der Parmeniosschlucht steht unverkennbar im Zusammenhang mit der justinianischen Reorganisation der städtischen Befestigung, die sich vom ‚Eisernen Tor' ausgehend entlang des Staurinplateaus fortsetzt und an seinem Nordrand an die Mauer in der Ebene anschließt. Aus bautechnischen Gründen muss die Errichtung des Staudamms nur wenig später erfolgt sein. Abseits aller Panegyrik, die Prokops Schilderungen oft genug prägt, bieten die militärische Sicherung und der infrastrukturelle Aufbau auch archäologisch deutliche Anzeichen für das Vertrauen in und das Bemühen um eine Wiederbelebung der Stadt nach den Katastrophenjahrzehnten.

Der innerstädtische Wiederaufbau

Die Kernfrage des deutschen Nachkriegsstädtebaus: „*Wieder*aufbau oder *Neu*aufbau" stellte sich im Antiochia des Jahres 540 anscheinend nicht. Obwohl das Ausmaß der Zerstörungen, die die Schriftquellen überliefern, im Einzelnen schwer zu beurteilen ist, dürfte das Antiochia des Jahres 540 im engeren Sinne als zerstörte Stadt zu gelten haben. Prokop, unsere einzige ausführliche Quelle zum Thema, berichtet, dass die Einwohner in der städtischen Trümmerwüste Schwierigkeiten hatten, ihre Grundstücke zu identifizieren[195]. Selbst wenn man das für eine gezielte dramaturgische Übertreibung hält, die auf das Konto der Literaturgattung geht, bezeugen die Ausgrabungen der 1930er-Jahre massive

---

194 Die heutige obere Wandscheibe ist zwar nachweislich erst mittelalterlich, aber sie scheint doch ein recht genaues Bild des spätantiken Zustandes zu vermitteln, den Prokop beschreibt. Vgl. Brands 2009.

195 Prok., aed. 2, 10, 20. Zu berücksichtigen ist, dass derartige Formulierungen topisch geprägt sein könnten: vgl. Evagr., HE 2, 13 im Zusammenhang mit einem Stadtbrand in Konstantinopel.

Zerstörungen[196]. Das Debakel überlebten, wie Prokop an anderer Stelle schreibt, die Stadtmauer, das Kerateionviertel am Südrand der Stadt und die ‚Große Kirche' (das ‚Goldene Oktogon') Konstantins[197].

Gemessen an seiner detaillierten Schilderung der fortifikatorischen und infrastrukturellen Maßnahmen fällt der Abschnitt, der dem städtischen Wiederaufbau gilt, merkwürdig einsilbig aus. „Hallen, säulenumstandene Höfe, Marktplätze" und Wegesysteme, so schreibt Prokop, waren ebenso wie Wasserleitungen und Drainagen großteils vernichtet. Justinian musste also eine neue Stadt aus Ruinen erschaffen[198]: schöner denn je sei sie, behauptet Prokop, wieder erstanden[199]. Auf eine Vertiefung dieses Urteils lässt sich Prokop nicht ein. Justinian, so heißt es lapidar und mit einer Formulierung, die in *de aedificiis* vielfach bemüht wird[200], habe die Stadt „mit Theatern und Bädern und allen sonstigen öffentlichen Bauten ausgestattet, an denen gewöhnlich der Wohlstand einer Stadt sichtbar wird"[201].

Obwohl die umfassenden Zerstörungen beim Wiederaufbau leicht hätten utopische Pläne aufkommen lassen können, blieb das Credo der antiken Stadtplaner offenbar der Wiederaufbau im alten Gewand – jedenfalls städtebaulich. Denn an Utopien, was immer man als solche empfunden hätte[202], war umso weniger zu denken, als sie die materiellen und immateriellen Werte in der Ruinenlandschaft zu berücksichtigen hatten. Unter den Trümmern lagen die sicherlich nicht vollständig zerstörten Anlagen des Tiefbaus (Wasserleitungen, Kanäle, Drainagen), die bei einer Neuorganisation der Stadtlandschaft hätten verändert werden müssen. Sie auch nur teilweise zu ersetzen, wie dies offenbar geschah[203], war, vor allem unter dem latenten Zeitdruck einer nicht funktionierenden

---

196 Vgl. Lassus in: Antioch I, 99; Antioch V, 148 f. – Prokop (aed. 2, 10, 22) überliefert zudem, dass selbst das Wasser- und Drainagesystem – gewöhnlich eine der Grundkonstanten selbst nach massiven Zerstörungen – erneuert werden musste.

197 Stadtmauer: Prok., Pers. 2, 10, 8. – Kerateionviertel: Prok., Pers. 2, 10, 7. – ‚Große Kirche': Prok., Pers. 2, 9, 14–18; Evagr., HE 4, 25.

198 Prok., aed. 2, 10, 19.

199 Prok., aed. 2, 10, 2.

200 Brands 2002a, 214–221 mit weiterer Lit.

201 Prok., aed. 2, 10, 22. Zum Verhältnis zwischen den Schilderungen Prokops und Malalas' vgl. Jeffreys 2000, bes. 73–75.

202 Eine Geschichte der spätantiken Neustadtgründungen und ihrer theoretischen Grundlagen ist bislang noch nicht geschrieben worden. Die Ergebnisse eines Workshop mit dem Titel „New Cities in Late Antiquity (late 3rd – 7th c. AD): Documents and Archaeology", veranstaltet im November 2013 vom Nederlands Instituut in Turkije und dem Deutschen Archäologischen Institut Istanbul, sind bislang unpubliziert.

203 Prok., aed. 2, 10, 22.

Wasserversorgung, überaus aufwendig und kaum flächendeckend möglich[204]. Be- und Entwässerung waren an die Insulagliederung gebunden, weshalb auch Straßen und Bebauungsblocks beim Wiederaufbau im Prinzip nicht disponibel waren. Dementsprechend blieb das alte Straßennetz ungeachtet all der radikalen Zerstörungen auch in der Spätantike städtebaulich noch maßgebend. Und nicht zuletzt dürften auch Fragen der Rekonstituierung, das heißt die Berücksichtigung der Besitzverhältnisse eine Rolle gespielt haben. Ihretwegen hielt man sich, vielleicht manchmal sogar wider Willen, an den bewährten Bebauungsplan.

Wenn Prokop von dem neuen Antiochia als einer „prächtigeren" Stadt spricht[205], so ist damit also nicht die Utopie einer „besseren" Stadt, keine zeitgenössische urbanistische Vision gemeint, denn seine Beschreibung lässt erkennen, dass man sich beim Wiederaufbau, schon aus Zeitgründen, an städtebaulichen Konventionen und so weit wie möglich auch am alten Stadtbild und seinen Vorgaben orientierte.

Die Struktur der justinianischen Stadt detailliert zu beschreiben, fällt schwer, da die Befunde überaus lückenhaft und ihre Chronologie oft genug unklar sind. Es muss deshalb bei einigen grundsätzlichen Beobachtungen bleiben.

Die ‚Neustadt' auf der ‚Insel' wurde vollständig und, wie es scheint, umstandslos aufgegeben. Mit ihrer Ausgliederung aus dem Siedlungsverband war der Verzicht auf zahlreiche öffentliche Bauten verbunden, deren Bedeutung für die spätantike Gesellschaft außer Frage steht, wie zum Beispiel die Hippodrome. Der große Hippodrom (‚Hippodrome A') – mit seiner Lage an der Flanke des Palastes *der* politische Raum der Stadt par excellence – lag nunmehr nicht einfach nur *extra muros*, wie das in vielen anderen, insbesondere natürlich kleineren Städten ohnedies der Fall war, sondern er wurde anscheinend vollständig aufgegeben. Der heutige Zustand des Baus, der bei dem Erdbeben von 526 offenbar in Mitleidenschaft gezogen worden war, deutet auf eine staatlich sanktionierte oder gar geförderte systematische Niederlegung der fast 500 m langen und bis zu 75 m breiten Anlage in den Jahren nach 540[206]. Ein Teil des Materials könnte für den Bau der nahegelegenen justinianischen Stadtmauer verwendet worden sein. Auch die beim Bau eines neuen, am Nordwestrand der justinianischen Stadt gelegenen Stadttores (Bab el-Kelb) verwendeten Quader und Gesimsblöcke könnten vom

204 Downey 1951, bes. 185 f., glaubt nicht an eine flächendeckende Zerstörung Antiochias durch die Perser. Als Folge des Bevölkerungsrückgangs und des Wiederaufbaus in reduziertem Umfang „the arrangements for the water supply had to be revised".

205 Prok., aed. 2, 10, 2. 23.

206 So bereits eine Vermutung im Director's Report on the Excavations at Antioch-on-the-Orontes for the Season of 1935 (= Field Report) 11 (PUAA).

Hippodrom oder einem anderen aufgegebenen Bau aus der ‚Neustadt' stammen[207].

Dass der Hippodrom zum Zeitpunkt der persischen Eroberung bereits verfallen war (oder spätestens beim Persersturm zerstört wurde), darauf deutet auch Chosraus Verhalten bei seiner *tour d'orgueil* durch die berühmten Orte der näheren und weiteren Umgebung. Erst in Apameia, nicht bereits in Antiochia, lässt der Großkönig Wagenrennen stattfinden, ganz offensichtlich in der Absicht, Justinian zu imitieren. Wäre der antiochenische Hippodrom noch intakt gewesen, hätte er sich – nicht zuletzt wegen seiner Nähe zur kaiserlichen Residenz – für eine solche Provokation angeboten[208].

Die Aufgabe der beiden Hippodrome[209] muss umso leichter gefallen sein, als der Palast seit dem Erdbeben von 458 offenbar nicht mehr oder nur noch zeitweilig genutzt wurde[210] und der nordwestliche Teil der ‚Neustadt' damit ohnedies einen Teil seiner öffentlichen Funktion eingebüßt hatte, und womöglich eine innerstädtische Brache bildete. Ob dies für die gesamte ‚Insel' galt, muss vorerst offenbleiben. Von den Thermenanlagen auf der ‚Insel' könnten zwei bis in justinianische Zeit in Betrieb gewesen sein, obwohl dafür, soweit ich sehe, ebensowenig Beweise vorliegen wie für das Ende der Anlagen in der Katastrophenserie der 520er-Jahre[211].

---

207 s. o. S. 43 Anm. 186. 187.

208 Auch die Nachricht, dass der Patriarch Gregor im Jahr 583 einen neuen Hippodrom errichten ließ (Ioh. Eph., HE 5, 17; vgl. Humphrey 1986, 459), muss als Hinweis darauf verstanden werden, dass der alte zu diesem Zeitpunkt nicht mehr benutzbar war. Wo dieser Bau Gregors lag, wie er beschaffen war und ob er je vollendet wurde, entzieht sich indes unserer Kenntnis.

209 Der sogenannte ‚Hippodrome B' (‚Byzantine Stadium'), in dem üblicherweise ein Gartenhippodrom oder eine Palaestra gesehen wird (Humphrey 1986, 456–458) wurde nach einer Vermutung der Ausgräber nach 526/528 nicht länger genutzt, doch beruht diese Annahme nur auf literarischer, nicht auf archäologischer Evidenz (Antioch I, 32 f.). Stratigraphisch relevantes Material wurde bei der partiellen Freilegung der Anlage in den 1930er-Jahren nicht angetroffen.

210 Zur Zerstörung von 458 vgl. Downey 1961, 477 f. Spätestens im frühen 6. Jh., möglicherweise unter dem Patriarchat des Severus (512–518), war der Palast offenbar eine Ruine: vgl. den Bericht des Johannes Rufus (s. o. Anm. 176).

211 ‚Bath A', dessen späteste Bauphase in die 2. Hälfte des 4. Jhs. gesetzt worden ist, wird nach Ansicht der Ausgräber nach einem der Erdbeben in justinianischer Zeit aufgegeben (Antioch I, 4–7, zur Datierung bes. 6 f.; Levi 1947, 277), doch gibt es dafür unter dem publizierten Material meines Erachtens keine archäologische Evidenz. – ‚Bath C': Eine Anlage des späten 1./frühen 2. Jhs., die nach einem längeren Hiatus in der 2. Hälfte des 4. Jhs. renoviert wurde und nach Auffassung der Ausgräber bis zu den justinianischen Erdbeben in Betrieb blieb; danach als Steinbruch genutzt (Antioch I, 19–31, zur Chronologie bes. 31). Auch in diesem Fall fehlen, soweit ich sehe, eindeutige archäologische Belege für die Datierung der Aufgabe des ‚Bath C' in justinianischer Zeit. – ‚Bath E': Die Grabung von ‚Bath E' (1933/1934) ist unpubliziert geblieben. Der Komplex, der möglicherweise

Die ‚Insel' war nach 540 nicht nur ihrer öffentlichen Großbauten beraubt, sondern fiel wahrscheinlich auch als außerstädtisches Siedlungsgebiet aus – jedenfalls in großem Stil, das heißt im Sinne einer flächendeckenden Bebauung –, da es ihr spätestens seit 540, wahrscheinlich aber bereits seit 458 an den infrastrukturellen Voraussetzungen mangelte. Archäologische Belege für eine Besiedlung nach der Mitte des 6. Jahrhunderts fehlen bislang, obwohl das angesichts der Forschungslage wenig besagt[212]. Wenn man sich nach 540 nicht die Mühe machte, die zerstörten Bauten niederzulegen[213] und das Gelände – eine Fläche von immerhin rund 170 Hektar – flächendeckend zu beräumen, was schwer gefallen sein dürfte, muss man davon ausgehen, dass der Nordrand der Stadt zumindest zeitweilig einen wenig ansehnlichen Stadtsaum bildete. Zu Seiten der Hauptstraße, wo die Straße von Aleppo in das Stadtgebiet einmündete und man einen weiten Blick auf die ‚Insel' hatte, mag das Bild einer geregelten Vorstadt in gewissem Umfang aufrecht erhalten worden sein. Die etwa 150 m westlich der antiken Straße gelegene Kirche von Machouka, die aus nicht zwingenden typologischen Gründen und aufgrund des Stils ihrer Mosaiken in die Nach-Erdbebenphase gesetzt wurde[214], ist dafür ein, wenn auch vorerst schwaches Indiz. Andererseits könnten einige ins 5. oder 6. Jahrhundert zu datierende Bauten, wohl Häuser, möglicherweise aber auch öffentliche Architektur, die bei einem Survey 2001 in diesem Areal – an der Straße nach Reyhanlı – beobachtet wurden, bei einer der Katastrophen irreparabel beschädigt worden sein[215].

Angesichts dieser massiven Veränderungen – die Stadt hatte immerhin rund 40 Prozent ihrer ursprünglichen Siedlungsfläche und einige ihrer bedeutendsten Bauten eingebüßt – ist es der Forschung gelegentlich schwer gefallen, Prokops hochgestimmte Einschätzung von Justinians Aufbauleistung zu teilen[216]. Ob der Wiederaufbau, wie Downey zu wissen glaubt, aufgrund der angespannten

---

zu einer Villenanlage gehörte, ist offenbar im frühesten 4. Jh. entstanden (Levi 1947, 261). Publizierte Hinweise auf das Ende der Anlage liegen nicht vor.

212 Lohnend wäre in diesem Zusammenhang eine Durchsicht des unpublizierten Grabungsmaterials aus dem Areal östlich des Hippodrom, wo 1932–1934 mindestens zwei Suchschnitte (‚Trial Trenches') geöffnet wurden (PUAA: Field Book 1934: Sektor 7-O und Field Notebook 1933: Sektor 8-O).

213 Das einzige Indiz für eine systematische Beräumung bietet, wie erwähnt, der Hippodrom A. An seinem Nordrand fand sich ein großer Kalkofen (‚Byzantine Kiln', unpubliziert), dessen Datierung freilich dahinsteht.

214 Zusammenfassend Mayer – Allen 2012, 56–58.

215 Casana 2004, 118–120.

216 Kennedy 1985a, 6. Weitere Stimmen dieser Art bei Eger 2013, 96 f.

Finanzlage tatsächlich nur die allernotwendigsten Instandsetzungen umfasste[217], ist eine Frage, auf die die archäologische Überlieferung mehrere Antworten kennt.

Städtebau/Straßen/Plätze. Städtebaulich fällt die Antwort nach allem, was wir wissen, eindeutig aus. Trotz der immensen Veränderungen, die der neue Mauerverlauf dem Stadtraum aufzwang, wurde in der innerstädtischen Raumordnung an Bewährtes angeknüpft. Dass das alte Straßensystem auch für die justinianische Stadt maßgebend war, zeigt in erster Linie die Beibehaltung der alten Hauptstraße[218]. Damit ist klar, dass die alte Parzellierung auch für den Wiederaufbau prägend blieb. Dies muss freilich nicht für alle Teile des neuen Stadtgebietes gegolten haben, wie beispielsweise Lage und abweichende Ausrichtung des Nordwesttores (‚Bab el-Kelb‘) andeuten[219], aber doch für das Gros der Bebauungsfläche.

Die Hauptachse, die für die gesamte städtische Infrastruktur konstitutiv war, wurde von Justinian nach den Erdbeben der Zwanzigerjahre weitgehend in ihrer alten Größe und teilweise aufwendiger als ihr kaiserzeitlicher Vorgänger wieder errichtet[220]. Selbst großspurige Infrastrukturbauten wie die kreisrunde Platzanlage im südlichen Stadtzentrum wurden, vielleicht programmatisch, zum Bestandteil des Wiederaufbaus gemacht[221].

Valensforum. Obwohl natürlich nicht auszuschließen ist, dass in solchen Wiederaufbauphasen die Gelegenheit genutzt wurde, Bauten zu vergrößern oder als unnütz oder sekundär empfundene Bauwerke zu beseitigen und freiwerdende Terrains umzunutzen, kam es nach 540 auch bei anderen großflächigen Infrastrukturbauten, vor allem in der Platzarchitektur, nicht zu einer durchgreifenden

217 Downey 1961, 547 („the most necessary repairs“). Dagegen Lassus in: Antioch V, 149 Anm. 46, der beklagt, dass seine Ergebnisse von Downey ungenau interpretiert worden seien. Die immer wieder und bis heute abgebildete Schemazeichnung der Straßenentwicklung von Lassus (Downey 1961, Taf. 10) hat dieser selbst schon 1972 als veraltet bezeichnet.

218 Maßgebend Antioch V. Magness 2003, 208 f. deutet an, dass die Wiederherstellung der Hauptstraße auch nachjustinianisch sein könne, doch bleiben so weitreichende Aussagen einer Überprüfung der Grabungsbefunde vorbehalten.

219 Das ‚Bab el-Kelb‘ (s. o. S. 43) scheint auf das von der Südstadt abweichende Straßensystem der ‚Insel‘/Neustadt (Leblanc – Poccardi 1999, 125 Plan 5) Bezug genommen zu haben.

220 Antioch V, 8 f., zusammenfassend 140–151, bes. 148 f. sowie 125 Plan 69.

221 Antioch V, 13–15 (‚Main Street Dig I‘; nach unseren Messungen nicht in Sektor 22-J [Lassus], sondern 21-K) mit Veränderungen gegenüber seiner älteren Publikation in: Antioch I, 93–100. Die Datierung in justinianische Zeit wird als sicher bezeichnet, aber nicht ausgeführt, worauf sie beruht. Die Platzanlage wurde über einem kaiserzeitlichen Vorgänger des 3. Jhs. errichtet, in dessen Zentrum Lassus sich ein Tetrapylon und einen Brunnen vorstellen kann.

Revision des alten Bebauungsplans, wie schon die Wiederherstellung der erwähnten runden Platzanlage im Süden der Stadt zeigte. Dies muss insbesondere für das Valensforum gegolten haben, das einen vitalen Platz im städtischen Raumgefüge einnahm[222]. Selbst wenn die Stadt 540 so vollkommen zerstört gewesen sein sollte, wie Prokop berichtet, bestanden auch in diesem Fall weder Möglichkeit noch Anlass, bei der Neuplanung vom Standort des Forums abzuweichen. Wenn die bisherigen Lokalisierungsversuche das Richtige treffen, gibt es allerdings einige verwirrende Widersprüche zu konstatieren. Für das Funktionieren der Platzanlage waren die Kanalleitungen an der Querung von Parmeniosschlucht und Hauptstraße von ausschlaggebender Bedeutung. Sollte das Forum nach 540 erneuert worden sein, kann die Mutmaßung der Ausgräber, dass die Leitungen nach der Katastrophenserie aufgegeben worden seien[223], kaum zutreffen. Ein solcher Verzicht würde vor allem die aufwendigen Baumaßnahmen am ‚Eisernen Tor' konterkarieren, die Justinian unternahm, um die unkalkulierbaren Risiken von Parmeniosüberflutungen für das zentrale Stadtgebiet zu minimieren. Dass man sich der Mühe einer Absicherung durch das ‚Eiserne Tor' unterzog, zeigt zugleich, dass die Region weiterhin als wichtig und vielleicht sogar als das eigentliche Stadtzentrum galt. Im Sektor 17-O, der nach einer Vermutung der Ausgräber zum Valensforum gehört haben könnte, wurden Teile des Areals in justinianischer Zeit gepflastert[224], übrigens ganz in Übereinstimmung mit Prokops Schilderung der justinianischen Baumaßnahmen[225]. Das könnte auf eine städtebauliche und architektonische Regeneration in diesem Bereich deuten[226]. Eine anhaltende Bedeutung dieses Stadtviertels würde auch erklären, warum in seiner Umgebung in der Spätantike weiterhin großflächige Baumaßnahmen in Szene gesetzt wurden. Inwieweit das unlängst von türkischen Archäologen aufgedeckte

---

222 s. o. S. 19–30. – Nach dem Ausbau unter Valens ist noch eine Baumaßnahme unter Theodosius I. (‚Plethrion') verbürgt und ein aus Unruhen resultierender Brandschaden in der Regierungszeit des Kaisers Zenon (Downey 1961, 632–640, bes. 634 f.). Inwieweit dieser Schaden unmittelbar behoben wurde oder das Forum zum Zeitpunkt der Katastrophenserie 525–528 noch beeinträchtigt war, lässt sich nicht entscheiden und ebensowenig, ob und in welchem Umfang das Valensforum von dem Erdbeben 458 in Mitleidenschaft gezogen worden war.

223 Vgl. Lassus in: Antioch III, 13 f.; Antioch V, 101–118, bes. 115 f.

224 Zeugnisse für eine massive Pflasterung (unsicheren Datums) finden sich auch in 16-P, erneut im Kontext mit einem Nymphäum (Antioch II, 4; Antioch V, 41–81).

225 Prok., aed. 2, 10, 21.

226 Nicht auszuschließen ist nach den archäologischen Befunden in 17-O, die für die ummaiyadische Zeit eine stärker kommerzielle Nutzung des Areals bezeugen, dass sich auch schon im 6. Jh. eine Kommerzialisierung des ursprünglich administrativen Bezirks vollzog, wenn 17-O denn tatsächlich zum Valensforum gehörte. Vgl. Eger 2013, 117 f.

Gebäude in Sektor 16-O, dessen Hauptbauphase vorläufig ins 5./6. Jahrhundert gesetzt wurde, in diesen Kontext gehört, bleibt abzuwarten[227].

Thermen. Spätestens mit der Ausgliederung der ‚Insel' aus dem Siedlungsverband wurden mindestens fünf Thermenanlagen unterschiedlicher Größe aufgegeben. Prokop zufolge hat der justinianische Wiederaufbau erwartungsgemäß auch und sicher nicht zuletzt Bäder umfasst und in der verkleinerten Stadt für entsprechenden Ersatz gesorgt[228]. Verifizieren lassen sich diese Angaben aus archäologischer Sicht nicht. Das einzige innerstädtische Bad, das durch Ausgrabungen bekannt geworden ist – das möglicherweise 526/528 beschädigte ‚Bath F' – wird einer Inschrift zufolge 537/538 noch einmal wiederhergestellt, aber nach einer Brandkatastrophe, in der die Ausgräber die Persereroberung von 540 sehen möchten, offenbar nicht mehr aufgebaut[229]. Bei der Interpretation des Befundes ist zu berücksichtigen, dass die von Prokop erwähnten Neubauten, auf die Justinian aus Prestigegründen sicher nicht verzichtete, im nunmehr verkleinerten Siedlungsgebiet, das heißt in den zentralen und südlichen Stadtbezirken lagen, über die wir aufgrund der flächendeckenden neuzeitlichen Bebauung archäologisch so gut wie nichts wissen.

Theater. Antiochia besaß den literarischen Quellen zufolge zwei Theaterbauten[230], die möglicherweise beide noch nach den Erdbeben von 526 und 528 bespielbar waren[231]. Die überaus populären, aus politischen Gründen immer wieder, so auch 529 von Justinian, geschlossenen Theater, die längst nicht mehr als Spielstätten für klassische Bühnenwerke dienten, sondern schon seit dem 3. Jahrhundert häufig zur Aufführung von schlüpfrigen mythologischen Revuen umgebaut worden waren, hatten also ungeachtet kirchlicher Invektiven nicht an Attraktivität eingebüßt. Insofern verwundert es nicht, dass in Prokops Auflistung justinianischer Neubauten nach dem Perserstum von 540 auch Theater erscheinen[232]. Auch wenn

227 s. o. S. 29 f. Anm. 124.

228 Prok., aed. 2, 10, 22.

229 Die Anlage ist nur vorläufig publiziert: Antioch III, 8 f.; Levi 1947, 366–368. Die Inschrift, auf der die Reparatur verbürgt ist, ist nur fragmentarisch erhalten (Antioch III, 84 Nr. 112 Taf. 47 Nr. 104). Leicht revidierte Lesung bei Jalabert – Mouterde 1950, 450–452 Nr. 786. Eine Begründung für die Datierung der Zerstörungshorizonte und der Aufgabe des Baus steht bislang aus.

230 Hinzukommt möglicherweise ein ‚hellenistisches Theater' (Lib., or. 11, 124–125), das, ebenso wie die beiden anderen römischen Bauten, nicht lokalisierbar ist. Das zunächst als Theater verdächtigte Bauwerk in Sektor 18-O/P (noch im Plan von Downey 1961, Taf. 11 als „Theatre of Caesar" bezeichnet) war, wie noch die Ausgräber selbst erkannten, sicher kein Theater (Antioch II, 3).

231 Downey 1961, 532. Vgl. auch Todt 2013.

232 Bei Prok., aed. 2, 10, 22 ist von θέατρα (pl.) die Rede.

davon auszugehen ist, dass es sich nicht um Neubauten, sondern um Restaurierungen handelt[233], ist Justinian offenbar nicht der Theaterbanause, als den ihn Prokop in den anti-justinianischen *Anekdota* hinstellt[234]. Dagegen spricht auch das Zeugnis von Malalas, der für die frühen 530er-Jahre funktionierende Spielstätten, und an anderer Stelle sogar eine Bezuschussung des städtischen Theaters verbürgt[235]. Noch am Ende des 6. Jahrhunderts hat es in Antiochia offenbar Theatervorführungen gegeben[236].

Kirchenbau. Gerade nach Katastrophen gibt es nicht zuletzt immaterielle Gründe, an den alten Bebauungsplänen festzuhalten. Historische Architektur, vor allem Plätze mit ihrer öffentlichen Randbebauung und Kirchen entwickeln in solchen Krisensituationen besondere Integrationskraft: Die alte Stadtsilhouette und ihre Bauten besaßen, so darf man annehmen, auch in der Spätantike hohe Erinnerungswerte. Der Wiederaufbau, der im Fall des Kirchenbaus vielleicht in besonderem Maße zur Sicherung historischer Bausubstanz und möglicherweise auch zur historisierenden Wiederherstellung herausforderte, diente der Wahrung stadträumlicher Kontinuitäten.

Auch im Antiochia der Jahre nach 526/528 war augenscheinlich derartige Nostalgie im Spiel. Der Wiederaufbau von Kirchen und diakonischen Einrichtungen begann jedenfalls ohne nennenswerte Verzögerung und in großem Stil[237]. Das kann nicht einfach gewesen sein. Denn mit der justinianischen Stadtverkleinerung muss ein Revirement der städtischen Sakraltopographie einhergegangen sein. Für die Kirchen auf der nunmehr *extra muros* gelegenen ‚Insel' bedeutete das Erdbeben von 526, dass sie, soweit zerstört, von der Landkarte

---

233 Theaterneubauten des 6. Jhs. sind außerordentlich rar, selbst wenn man darunter nicht nur Theater klassischer Bauart rechnet, sondern grundsätzlich Spielstätten für alle Formen von Sprechtheater bzw. Mimos sowie für politische Versammlungen versteht.

234 Prok., HA 26, 5–14.

235 Ioh. Mal., Chron. 390, 9–391, 11 (18, 62); 393, 77 f. (18, 67).

236 Evagr., HE 6, 7.

237 Zu den Bauten im Einzelnen grundlegend Mayer – Allen 2012. – Ob es sich bei den in den Quellen genannten justinianischen Baumaßnahmen um Neubauten oder Restaurierungen handelt, lässt sich in den meisten Fällen nicht entscheiden. Die Nachrichten über Kirchenbauten setzen unmittelbar nach den Erdbeben von 526/528 ein. Zum Wiederaufbauprogramm von 526 gehörten die Theotokoskirche, die Erzengel-Michael-Kirche (Bauherrin ist Ioh. Mal., Chron. 351, 49–59 [17, 19] zufolge die Kaiserin Theodora), die Prophetenkirche sowie die anderweitig nicht bezeugte Kirche des Heiligen Zaccharias (Mayer – Allen 2012, 122. 160 f.). 529/530 schenkt Justinian der Stadt ein kaiserliches Gewand, das in der Cassianuskirche ausgestellt wird (Downey 1961, 531). In derselben Zeit ist von der Translation der Marinusreliquien in die *extra muros* gelegene Julianuskirche die Rede und von einer namhaften Schenkung des Kaisers an ein städtisches Hospiz (Downey 1961, 531).

verschwanden oder in der Stadt selbst ein neues Terrain erhalten mussten[238], sollte ihr Patronat nicht unter fremdem Dach fortgeführt werden. Eine Restaurierung der zerstörten Inselkirchen ist so gut wie ausgeschlossen, da angesichts der dramatischen Opferzahlen schon 526 klar gewesen sein dürfte, dass die alte Stadtstruktur räumlich nicht zu halten war.

Freilich bedeutete die Aufgabe der alten Stadtgrenzen keineswegs den Abschied von der außerstädtischen Kirchenbaulandschaft als solcher. Vielmehr überstanden die meisten Kirchen in der näheren Umgebung Antiochias Erdbeben und Persersturm offenbar weitgehend unbeschadet[239], da den Eroberern Wille und Möglichkeiten abgingen, auch das Umland der Stadt in Schutt und Asche zu legen.

Ob die Perserzerstörung von 540 noch einmal eine den 520er-Jahren vergleichbare Aufbauleistung in Gang setzte, ist angesichts einer mehr als dürftigen Quellenlage schwer zu beurteilen. Zu Denkmalpflege im engeren Sinne gab es aber offenbar kaum noch Möglichkeit. Wenn Prokop richtig liegt[240], hatte keiner der alten innerstädtischen Kirchenbauten die Eroberung überlebt, außer der ‚Großen Kirche'. Auch sie war zu diesem Zeitpunkt freilich keineswegs mehr der historische Bau der konstantinischen Gründerzeit, sondern der 537/538 eingeweihte Neubau nach der Erdbebenzerstörung von 526/528[241]. Prokop zufolge wurden auch die Theotokoskirche und die Erzengel-Michael-Kirche noch einmal wieder aufgebaut.

Dass der Kirchenbau dieser Jahre kompensatorische Bedeutung hatte, zeigt neben der Neubau- und Restaurierungstätigkeit zwischen 526 und den 540er-Jahren auch die Translation von Reliquien zahlreicher Märtyrer nach Antiochia, die bislang nicht mit der Stadt assoziiert waren[242]: Ihr Zuzug ist offensichtlich im apotropäischen Sinne zu verstehen[243].

Wie auf anderem Gebiet markierten die Zwanziger- bis Vierzigerjahre des 6. Jahrhunderts auch auf dem Gebiet des Kirchenbaus den letzten übergreifenden Stadtumbau der antiochenischen Geschichte. Seit Justinians Tod (565) fehlen uns jegliche Nachrichten über Neubau- oder Restaurierungsmaßnahmen im Bereich der Sakralarchitektur[244].

238 Vgl. dazu auch Mayer – Allen 2012, 158–163.

239 Mayer – Allen 2012, 162.

240 Prok., Pers. II 9, 14–18. Mayer – Allen 2012, 162 f. halten Prokops Schilderung für verzerrt, belegen dies aber nur mit extramuralen Bauten, die den Persersturm offenbar überlebten.

241 Vgl. Downey 1961, 533. Zusammenfassend Mayer – Allen 2012, 68–80.

242 Mayer – Allen 2012, 158–163.

243 So hat die Cosmas- und Damiankirche möglicherweise als Antwort auf die Pestepidemie von 542 in Antiochia zu gelten. Zu der persönlichen Beziehung Justinians zu den beiden Arztheiligen s. Mayer – Allen 2012, 160.

244 So Mayer – Allen 2012, 163.

Privater Wohnbau/Häuser. Noch schwerer durchschaubar als die öffentliche Bautätigkeit ist die Situation, in der sich der private Hausbau nach den Katastrophen des frühen 6. Jahrhunderts befand. Geht man von den literarischen Berichten aus, war die Stadt nach 540 ein Trümmerfeld. Es mag sein, dass das unzerstörte Kerateionviertel jetzt zu einer Art von Altstadt wurde, in der man das untergegangene Antiochia beschwören und gute alte Zeiten wiederaufleben lassen konnte. Doch ansonsten waren beim Wiederaufbau kaum Rücksichten zu nehmen. Möglicherweise nutzten einige Hausbesitzer die Gelegenheit zu einer mehr oder weniger durchgreifenden Renovierung, sofern sie nicht zum Neubau gezwungen waren. Mehr als eine Vermutung ist das freilich nicht, denn aus dem rund drei Quadratkilometer großen Stadtgebiet in der Ebene[245], das einige tausend Häuser aufgewiesen haben muss[246], sind nicht einmal zwanzig Hausbauten durch Ausgrabungen bekannt geworden[247]. Von diesen wiederum können zwei – und auch das nur mit Mühe – mit einem spätantiken Baubefund in Verbindung gebracht werden. Das ‚House of Aion' ist zunächst durch ein Erdbeben, dann durch eine Feuersbrunst irreparabel geschädigt worden, in denen die Ausgräber vermutungsweise die Katastrophen von 526 und 540 erkennen möchten, und nicht wieder aufgebaut worden. Ebenso wurde das ‚House of Iphigenia' nach einer durchgreifenden Zerstörung aufgelassen. Auch in diesem Fall könnte man an den Persersturm von 540 denken, beweisen lässt sich ein solcher Zusammenhang jedoch nicht – wie überhaupt in den amerikanischen Grabungspublikationen die Tendenz spürbar ist, in Ermanglung stratigraphischer Daten Zerstörungshorizonte

245 Die Flächenberechnung durch Ulrich Weferling (HTWK Leipzig) beruht auf der Siedlungsfläche in der Ebene, ohne die ausgegliederte ‚Insel' (ca. 178 ha). Nicht eingerechnet sind darüber hinaus die partiell bebaubaren, aber schwer kalkulierbaren Hangflächen an Silpios und Staurin sowie das in justinianischer Zeit aufgegebene Staurinplateau (ca. 20 ha).

246 Zur Größe der Stadt und ihrer Einwohnerzahl: Downey 1958 (zusammenfassend Downey 1961, 582 f.); Will 1997; Sartre 2000; Will 2000.

247 Vgl. zu den folgenden Befunden Levi 1947 und Campbell 1988: ‚Atrium House'/‚House A' (10-N), ‚House of Polyphemus and Galatea' (10-Q), ‚House of Trajan's Aqueduct' (26-K/L), ‚House of Calendar and House of Drunken Dionysos' (15-Q/R), ‚House of the Bacchic Thiasos/House of Mysteries of Isis' (20-O), ‚Mosaic of Briseis' Farewell' (14-N), ‚House of Iphigenia' (14-S), ‚House of the Peddler of Erotes' (11-U), ‚House of Aion' (15-M), ‚The Barracks House' (25-H), ‚Building of the Biblical Quotation' (10-Q), ‚Mosaic of Ananeosis' (10-Q), ‚Mosaic of the Striding Lion' (10-Q), ‚Fragment with topographical border' (11-P), ‚House of Ktisis' (7-N), ‚Magdouh Mosaic' (13-P) sowie einige isolierte, weitgehend unpubliziert gebliebene Befunde: ‚Late Roman House' (9-N), ‚Mosaic west of Hippodrome' (7-N), ‚Building' (12-T), ‚Mosaic near Barracks House' (24-H), ‚Three fragmentary Mosaics with floral carpets' (14-R). Es kann nicht als sicher gelten, dass es sich bei allen genannten Befunden tatsächlich um Häuser handelt. Sieben von diesen 19 mutmaßlichen Hausbefunden lagen spätestens seit der Stadtverkleinerung *extra muros*.

an Naturkatastrophen oder historische Ereignisse zu knüpfen. In allen anderen Fällen fehlen für die Häuser Datierungsanhaltspunkte jedweder Art.

Dass die Befunde für den Stadtauf- und -umbau der Jahre nach 540 ambivalent sind, könnte den Verdacht schüren, dass der justinianische Wiederaufbau eine Absichtsbekundung, jedenfalls weit hinter den Erwartungen zurück blieb, die Prokop, ein Historiker unter Generalverdacht, mit seiner Beschreibung heraufbeschwört: anstelle einer aus Ruinen erstandenen Stadt also doch nur eine notdürftig wiederhergestellte Ruinenstadt?[248]

Freilich ist zu berücksichtigen, dass Justinian es sich ungeachtet einer militärisch und finanziell angespannten Lage schon aus Gründen der Herrscherraison kaum leisten konnte, die Stadt in einer derartig prekären Situation nur mit vollmundigen Absichtsbekundungen abzuspeisen[249]. Konsequenterweise befreit Justinian nach dem Erdbeben von 528 die Stadt für drei Jahre von der Steuerpflicht und stellt wiederholt Mittel für den Wiederaufbau zur Verfügung, auch wenn der aufs Ganze gesehen konturlos bleibt. Aber es lässt sich auch von Seiten der monumentalen Überlieferung, so dürftig die Befundlage derzeit ist, einiges gegen das Bild einer Kulissenmetropole einwenden. Am wichtigsten ist das Zeugnis der Stadtmauer: Hätte es nichts zu schützen gegeben, wäre die überaus aufwendige Veränderung des Mauerverlaufs und der Bau von insgesamt rund fünf Kilometern neuer Kurtinen, sowie von Türmen und Stadttoren nicht zu rechtfertigen, zumal sie einen kaum weniger anspruchsvollen Stadtumbau nach sich zogen. Auch die wasserbautechnischen Schutzmaßnahmen sowie der Straßen- und Platzbau wären sinnlos, hätte man sich von der Stadt nichts mehr versprochen. Die öffentliche Bautätigkeit einschließlich des Sakralbaus – über die private lässt sich auch in den Vororten kaum etwas Verlässliches sagen – ist durchaus signifikant, weil aus ihr die Bereitschaft, das Vertrauen und die finanziellen Mittel sprechen, die Stadt zu revitalisieren.

Dass Antiochia und seine Chora entgegen anderslautenden Annahmen das wirtschaftliche Potential besaßen, den Wiederaufbau zu schultern, ist mittlerweile

248 So der Tenor von Downey 1961, 546–553; Kennedy 1985a; Kennedy 1985b. Vgl. zu der Diskussion zuletzt Eger 2013, bes. 95–97, auch mit Verweis auf die Gegenposition von Magness 2003, 195–214, bes. 206–209. Vgl. auch Decker 2007, bes. 234–238.

249 Zur Sicht des Kaisers auf seine Herrschaft und die der Zeitgenossen auf die justinianische Regierung vor und nach den als Bruch verstandenen Jahren 540/542 vgl. Meier 2003, 101–114. In den offiziellen Dokumenten der 530er-Jahre geriert sich der Kaiser als Macher, der selbst aussichtslos erscheinende Situationen bewältigt und damit der Bevölkerung Anlass gibt, „optimistisch in eine glückliche Zukunft zu blicken“. Honoré 1978, 17 hat diese Phase von Justinians Herrschaft als „the age of hope“ charakterisiert.

kaum noch bestreitbar[250], auch wenn die Katastrophen der ersten Jahrhunderthälfte zweifellos eine Zäsur bildeten und die Vorrangstellung der Stadt in Frage stellten, wenn nicht beendeten[251]. Die Wiederbelebungsversuche unter Justinian zeitigten Wirkung, wenn auch archäologisch im Moment noch undeutlich ist, in welchem Umfang. Das Überleben der alten städtischen Infrastruktur und zahlreicher Bauten bis in die Kreuzfahrerzeit, der Umstand, dass die Stadt auch noch in der Spätantike ausgedehnte Vororte besaß, deuten ebenso wie der Import von ostmittelmeerischer Keramik und spätantiker Terra Sigillata[252] jedenfalls auf funktionierende Stadtstrukturen bis weit in die erste Hälfte des 7. Jahrhunderts hinein. Ähnliches gilt auch für das Umland der Stadt, etwa das Kalksteinmassiv, wo Neubautätigkeit bis in die Jahre um 610, das heißt die Zeit der persischen Eroberung Antiochias (611), inschriftlich nachweisbar ist[253]. Aber auch die unmittelbare städtische Chora, das Orontestal und vor allem die nördlich der Stadt gelegene Amuqebene mit den angrenzenden Hochlandflächen lassen erkennen, dass Antiochia über ein immenses Einzugsgebiet verfügte, das noch im 7. Jahrhundert und weit darüber hinaus auf den städtischen Wirtschaftsraum ausgerichtet war[254]. Dass die Stadt noch ein Jahrhundert später die Position einer offiziellen Frontstadt (arab. *ṯaġr* / pl. *ṯuġūr*) einnehmen konnte, ist als Hinweis darauf zu verstehen, dass die justinianischen Bemühungen um den Wiederaufbau der Stadt wenigstens kurzfristig erfolgreich waren[255].

Die bisherigen Beobachtungen, die angesichts spärlicher Befunde unter erheblichen Unschärfen leiden, scheinen auf einen ernstgemeinten und letztlich erfolgreichen Wiederaufbau hinzudeuten. Es bleibt, wenn auch ohne Aussicht auf konsistente Antworten, zu fragen, wieviel altes Antiochia in dieser neuen Stadt steckte. Der Tenor von Prokops Beschreibung ist, so scheint es, die Effizienz des Stadtumbaus, der beherzt Konsequenzen aus älteren Planungsfehlern zog und keine Scheu vor einer flächendeckenden Erneuerung des städtischen Raumes hatte. Man mag darin eine Finte Prokops erkennen, der hinter Verlautbarungs-

250 Wickham 2007, 27. 240. 442–459.

251 So Wickham 2007, 620.

252 Vgl. Magness 2003, 208 f.

253 Ähnliches gilt auch für die angrenzenden Regionen, etwa die Apamene, und Städte wie Hama/Epiphania: vgl. Foss 1997.

254 Vgl. neben den in Anm. 248 genannten Beiträgen von Decker 2007 und Eger 2013 vor allem die Ergebnisse des Amuq Valley Regional Project: Casana 2003; Casana 2004; Casana – Wilkinson 2005; Gerritsen u. a. 2008, bes. 260–274; De Giorgi (im Druck). Zu al-Mina im Orontestal, dessen Befunde für einen Fortbestand der Siedlung wenigstens bis zur muslimischen Eroberung sprechen, vgl. Vorderstrasse 2005.

255 Eger 2013, 127 resümiert vorsichtig, dass die Befunde „complicate claims of a total decline in the sixth century before the Islamic conquest".

prosa verbarg, was kaum zu kaschieren war. Das neue Antiochia konnte mit der alten, fast tausendjährigen Stadt in keiner Weise mithalten: flächenmäßig um mehr als ein Drittel reduziert, der historischen Bausubstanz weitgehend beraubt, in Eile aufgebaut. Die Geschichte der Stadt, die Libanios so eindringlich und bürgerstolz beschreibt, ihr „Geist", wird von Prokop ganz leidenschaftslos beiseite geschoben. Von Rekonstruktionen einzelner Bauten oder ganzer Straßenprospekte verlautet weder bei ihm noch sonstwo etwas. Im Gegenteil. Prokops Formulierung, dass die Stadt „schöner denn je" erstrahlte, lässt eher auf eine umfassende, völlig unsentimentale Erneuerung als eine behutsam rekonstruierende Wiederherstellung schließen. Der Primat eines zügigen Wiederaufbaus unter dem Diktat von Militär und Ökonomie – der nur in den seltensten Fällen große Architektur oder sorgfältige Denkmalpflege hervorgebracht haben dürfte – mag auch im zerstörten Antiochia räumliche und soziale Folgeerscheinungen nach sich gezogen haben, die wenig Raum für historisierende Stadtnostalgie ließen und im Ergebnis auf eine „zweite Zerstörung" der Stadt, nach der durch Naturkatastrophen und Krieg, hinausliefen. Wenn es, was im Einzelfall durchaus denkbar ist, zu einem behutsamen Umgang mit der historischen Bausubstanz kam, war das weniger Ausdruck eines städtebaulichen Programms als vielmehr eine pragmatische Folge ökonomischen und politischen Kalküls.

Insofern mag in Justinians Stadtumbau, wenn auch ungewollt, durchaus etwas Visionäres mitschwingen. Das Antiochia nach 540 war im Grunde eine auf den alten Achsen beruhende spätantike Neustadt, die von Ferne an das „alte" Antiochia erinnerte, aber keine historisch gewachsene, annähernd tausendjährige Stadt. An die Vergangenheit gemahnten mehr Lage und Anlage der Stadt als ihre Bauten.

VII Stadt und Kunst

Der Kirchenbau

Bei der Besprechung von annähernd drei Jahrhunderten antiochenischer Stadtgeschichte blieb ein Aspekt merkwürdig blass, dem gemeinhin eine gewichtige Rolle bei der Neugestaltung der gebauten Umwelt in der Spätantike zugebilligt wird, dem Kirchenbau. Auch wenn es mittlerweile keines weiteren Wortes mehr bedarf, dass die Christianisierung des Stadtbildes weit mehr umfasste als nur die

Errichtung von Sakralbauten[256], dürften Kirchen auch für die meisten Zeitgenossen eines der am deutlichsten fassbaren Zeichen des neuen Zeitgeistes gewesen sein.

Eine Analyse der antiochenischen Kirchenbauten wie der Sakraltopographie im Allgemeinen stößt an enge Grenzen. 24 Kirchenbauten sind aus der Stadt und ihren Vororten literarisch bekannt. Nur neun lassen sich sicher dem Stadtgebiet der Metropole selbst zuweisen, was gemessen an Rom und Konstantinopel, aber selbst gegenüber Provinzstädten wie Gerasa oder Madaba nur ein Teil der Gesamtzahl gewesen sein kann. Zwei der zehn außerstädtischen Kirchen sind archäologisch nachgewiesen[257], der Rest kann häufig nicht einmal grob lokalisiert und typologisch bestimmt werden. Da oft genug auch die Datierung der Bauten offenbleiben muss, gibt es von archäologischer Seite kaum Möglichkeiten, die Christianisierung des Stadtbildes aus Sicht des Kirchenbaus nachzuzeichnen.

Auch die bislang herangezogenen literarischen Quellen helfen da kaum weiter. Libanios war bekanntlich ein Anhänger der alten Religion und deshalb steht er dieser Form von Christianisierung des Stadtbildes, so könnte man glauben, reserviert gegenüber[258]. Während er die Geschichte der Stadt durch den gesamten, teils obskuren Mythos verfolgt, erwähnt er im *Antiochikos* jedenfalls weder die traditionsreiche christliche Gemeinde noch lässt er erkennen, dass das Christentum zu seiner Zeit in der Stadt auch baulich präsent war[259]. Doch ganz unbegründet war Libanios' Zurückhaltung möglicherweise nicht. Zwar darf als sicher gelten, dass die Stadt, die schon unter Licinius eine erste Kirche erhalten hatte[260], von Konstantin selbst mit einem Kirchenbau geadelt worden war und

---

256 Brands – Severin 2003; Brenk 2003.

257 Vgl. die Listen bei Mayer – Allen 2012, 123–125. Die Babylaskirche ist die einzige, die auch literarisch nachweisbar ist, die Kirche von Machouka ist nur archäologisch überliefert.

258 Auch auf andere Veränderungen der städtischen Sakraltopographie, die ihm kaum entgangen sein dürften, geht Libanios mit keinem Wort ein. Von den vier Tempeln, die er in seiner berühmten, wohl vor 388 entstandenen Rede *Pro templis* als intakt bezeichnet, waren drei bereits unter Theodosius I. profaniert (Lib., or. 30, 51. – Das Tycheion war unter Constantius II. in eine Art Hörsaalgebäude umgewandelt worden [als solcher diente er 354: vgl. Lib., ep. 88, 2; Petit 1955, 197 Anm. 7], ebenso dienten bereits 388 der alte Athenatempel [Lib., ep. 847, 1] als Versammlungsraum für Anwälte und der Dionysostempel als Gerichtssaal [Lib., or. 45, 26]). Dass von den Tempeln, die er im *Antiochikos* oder in den julianischen Reden (insb. Lib., or. 15, 79) erwähnt, am Ende des Jahrhunderts einige bereits zerstört waren, ist ohne Weiteres denkbar, auch wenn Libanios darüber nichts verlauten lässt. Vgl. zuletzt Saliou 2015b.

259 Daraus allzu weitgehende Schlussfolgerungen zu ziehen, verbietet sich allerdings, da im *Antiochikos* auch sonst, von wenigen Ausnahmen abgesehen, keine Einzelbauten erwähnt werden und die religiöse Dimension der Stadt im zweiten Teil der Rede weitgehend ausgeklammert bleibt (Wiemer 2003, 448 f.). Zum Konstrukt Antiochias als einer paganen Idealstadt und der Ausblendung des Christentums im *Antiochikos* vgl. auch Stenger 2009, 306–313.

260 Zur ‚Alten Kirche' (‚Palaia') vgl. Mayer – Allen 2012, 100–102.

damit schon früh in den illustren Kreis einiger weniger Haupt- und Residenzstädte wie Rom, Konstantinopel, Jerusalem, Nikomedia, Trier und Tyros aufgestiegen war[261]. Die Bedeutung der Stadt innerhalb der kirchlichen Hierarchie des Reiches war damit anerkannt. Dabei scheint es allerdings lange Zeit geblieben zu sein, denn die Stadt verfügte, nach allem was wir wissen, trotz der anscheinend stark wachsenden Gemeinde offensichtlich noch im späten 4. Jahrhundert über kaum mehr als eine Handvoll Pfarrkirchen[262]. Anscheinend verlief die Christianisierung auch in einer „frühzeitig weitgehend christianisierten Stadt“ wie Antiochia keineswegs so gradlinig, wie uns beispielsweise Johannes Chrysostomos glauben machen möchte[263]. Eine gewisse Christianisierung des Stadtbildes dürfte aber wohl auch für Libanios unübersehbar gewesen sein, in erster Linie, weil die Stadt häufig – vor allem unter Constantius II. und Valens – Schauplatz von Konzilen war, zu denen sich wiederholt zahlreiche Bischöfe in der Stadt einfanden. Architektonisch oder gar städtebaulich gewann das christliche Antiochia im 4. Jahrhundert dagegen kaum an Kontur. Die Quellen, wenn sie denn ein verlässliches Bild zeichnen, vermitteln den Eindruck einer eher gemächlichen Kirchenbautätigkeit, in deren Verlauf bis an das Ende des 4. Jahrhunderts wenige, gleichermaßen auf Stadt und Umland verteilte Bauten entstanden.

Allein an der geringen Zahl von Kirchenbauten wird man die Bedeutung der Stadt als christliche Metropole indes nicht messen können. Denn die Kirchen, die hier im 4. Jahrhundert entstanden, hatten es baulich und was ihre Ausstattung anging offenbar in sich. Freilich ist schon über die Mutter aller antiochenischen Kirchen, die 327 begonnene und 341 geweihte ‚Große Kirche‘, das *dominicum aureum* (‚das Goldene Oktogon‘) Kaiser Konstantins – ihre Lage eingeschlossen – wenig Verlässliches bekannt, außer, dass es sich um einen außergewöhnlich aufwendigen Bau handelte, „einzigartig an Größe und Pracht“, wie Eusebios schreibt[264]. Aufschlussreich für die Bebauungssituation im konstantinischen Antiochia ist der Umstand, dass sie über einer verfallenen Thermenanlage, das

261 Zu Konstantins Kirchenbaupolitik vgl. Leeb 1992, 71–92. – Eine Liste der konstantinischen Kirchengründungen bietet Armstrong 1967.

262 Hahn 2004, 149–151 spricht in diesem Zusammenhang von einer „dürftige(n), von Stagnation geprägte(n) Versorgung der Stadt mit Kirchengebäuden“ bzw. von einer „Unterversorgung der christlichen Bevölkerung Antiochias mit Kirchenraum“. Als Grund dafür nennt Hahn 2004, 149 f. das generationenwährende antiochenische Schisma (20er-Jahre des 4. Jhs. bis 414/415), also eine innerkirchliche Spaltung, die eine einheitliche, straffe Führung der Gemeinde und damit auch Kirchenbauaktivitäten erschwerte, sowie die kaum mehr als mittelmäßige Vermögenslage der antiochenischen Kirche.

263 Vgl. Hahn 2004, 148–152.

264 Eus., vita Const. 3, 50; Eus., laud. Const. 9.

heißt auf öffentlichem Boden, errichtet wurde[265]: Offenbar war geeigneter innerstädtischer Baugrund, den sich Konstantin für seine prominente Gründung wünschte, nicht beliebig verfügbar. Dass der Bau, wie Deichmann nachgewiesen hat, als Gemeinde-, nicht als Palastkirche konzipiert worden war[266], macht deutlich, dass schon in konstantinischer Zeit neben dem dominanten basilikalen Längsbau Zentralbauten als Bischofs- und Gemeindekirchen Verwendung fanden, und zwar ganz offensichtlich wegen ihres Repräsentationswertes.

Soweit wir wissen, lag die Kirche in einem Temenos, hatte eine achteckige Form und war von Nebenräumen oder Annexen umgeben[267]. Da es sich den Beschreibungen zufolge um eine Emporenkirche handelte, hat Deichmann in ihr einen „oktogonalen Umgangs-Zentralbau" erkennen wollen, möglicherweise mit innerem Stützenkranz, der nach Art von S. Vitale in Ravenna oder von Hg. Sergios und Bacchos in Konstantinopel gestaltet war[268]. Keinen Erkenntnisfortschritt in dieser Frage bietet übrigens das mit großer Beharrlichkeit ins Spiel gebrachte Megalopsychia-Mosaik aus Daphne, in dessen topographischem Rahmenfries Jean Lassus eine Darstellung des Gebäudes erkennen zu können glaubte[269]. In konstantinischer Zeit ist das Oktogon also schon nach seinem Grundriss ein Solitär und allenfalls mit der Anastasisrotunde in Jerusalem vergleichbar. Die Wahl der außergewöhnlichen Bauform und die Ausstattung der Kirche deuten an, dass

---

265 Die Angabe geht auf Ioh. Mal., Chron. 244, 33–35 (13, 3) zurück, der als Bauherren einen König Philipp angibt. Ob es sich um Philipp I. Epiphanes Philadelphos (94–83 v. Chr.) oder seinen zeitweilig in Antiochia residierenden Sohn, Philipp II. Philorhomaios, handelt, bleibt offen. Denkbar ist auch, dass Philippus Arabs (244–249) gemeint ist, obwohl über seine Bautätigkeit in Antiochia keine Nachrichten vorliegen. Speck 1987 hat – scharfsinnig, wenn auch spekulativ – vorgeschlagen, dass das ‚Goldene Oktogon' seine Form der Umnutzung eines achteckigen Badesaals verdankte.

266 Deichmann 1972. Damit hat sich das von der älteren Forschung postulierte Junktim einer räumlichen Nachbarschaft von Palast und Kirche, das „symbolisch die enge Verbindung ... von Thron und Altar" (so W. Eltester, zitiert bei Deichmann 1972, 42) zum Ausdruck bringe, erledigt. Vgl. dazu auch Mango 1972 und zuletzt noch einmal im gleichen Sinne Saliou 2000.

267 Zusammenfassend (und mit Bibliographie) Mayer – Allen 2012, 68–80.

268 Deichmann 1972. Brandenburg 1998, 20–22. 50 erkennt ein Entwurfsschema, in dem ein oktogonaler Zentralraum mit angesetzten Kreuzarmen und – möglicherweise – Umgängen kombiniert wurde und das damit „das Planschema von S. Stefano Rotondo vorwegzunehmen scheint".

269 Obwohl schon Levi 1947, 332 f. die entscheidenden Argumente dagegen beigebracht hat, nimmt die Forschung nur schweren Herzens Abschied von der Vorstellung, Lage und Aussehen des Baus wenigstens ansatzweise bestimmen zu können (vgl. zuletzt Guidetti 2010, 88–94). In die Debatte hatte schon Lietzmann mit gewichtigen Argumenten eingegriffen: vgl. Deichmann 1972, 46–48.

Antiochia bereits seit konstantinischer Zeit im engsten Sinne großstädtische Lösungen in der Sakralarchitektur herausforderte.

Dabei orientierte man sich offensichtlich an der Architektur anderer Metropolen. Dies gilt beispielsweise für die in Konstantinopel entwickelte kreuzförmige Basilika, die bekanntlich erstmals in konstantinischer Zeit in der Apostelkirche verwirklicht worden ist[270] und schon wenige Jahrzehnte später in Antiochia für einen wichtigen Kultbau Pate stand, in dem die Forschung die Kirche des Heiligen Babylas erkennt (Abb. 25)[271], um dessen Reliquien es in der Zeit Julians erhebliche Querelen gegeben hatte.

Den Charakter des antiochenischen Kirchenbaus genauer zu fassen, bleibt indes schwierig. Denn den Bauideen aus den Hauptstädten des Imperiums standen möglicherweise stärker regional geprägte Bauformen gegenüber. Einen Reflex dieser lokalen Bautradition glaubt die Forschung in der Architektur des nordsyrischen Kalksteinmassivs fassen zu können, die von der Baukunst der Metropole mehr oder weniger deutlich geprägt sei. Ob und in welchem Umfang solche Axiome gerechtfertigt sind, ist schwer zu beurteilen.

Ein Beispiel mag das verdeutlichen. Die Kirche von Machouka[272], einer der beiden archäologisch fassbaren Kirchenbauten Antiochias, liegt *extra muros* am Nordrand der Stadt. Der Bau ist nach Ansicht der Ausgräber möglicherweise aus einer Hallenkirche entstanden, die in einer zweiten Bauphase zu einer dreischiffigen Säulenbasilika umgebaut wurde; sie besaß ursprünglich eine halbrunde oder gestelzte Apsis mit Nebenräumen[273]. Vorgelagert ist dem Bau auf gesamter Breite ein Narthex. Für beide Bauformen finden sich in der Antiochene seit dem 4. Jahrhundert zahlreiche Parallelen[274], bekanntlich aber auch andernorts im östlichen Mittelmeerraum.

Pauline Donceel-Voûte hat dafür plädiert, in dem Bau die Kirche einer Gemeinde von Zuwanderern zu sehen, die möglicherweise aus dem kilikisch-isaurischen Raum nach Antiochia gekommen seien[275]. Ihre Hauptargumente bezieht sie

---

270 Zur Bauform zuletzt Brandenburg 1998, 41–54.

271 Zur Kirche Mayer – Allen 2012, 32–49. Skeptisch Saliou 2015a, 94 Anm. 26. Vgl. darüber hinaus Downey 1961, 384–390; Hahn 2004, 161–163. – Die Kirche, deren Innenausstattung 387 vollendet wurde, liegt auf dem Westufer des Orontes (in der ehemaligen Gemarkung Qaussiye) an der Überlandroute nach Alexandria ad Issum (İskenderun).

272 Unpubliziert. Kurze Erwähnung bei Lassus 1938, 102. 111; Levi 1947, 368 f. Abb. 152. 153. Weitere Literatur bei Donceel-Voûte 1988, 174–177. Wichtig, da unter Berücksichtigung der unpublizierten Grabungsdokumentation Mayer – Allen 2012, 56–58. 161 f. 218–220 Abb. 59–78.

273 Vgl. Mayer – Allen 2012, 57 auf der Basis des Field Notebook 1936 (PUAA).

274 Ebenso wie die dreischiffige Kirche mit rechteckigem Altarraum, wie sie Machouka in der zweiten Bauphase gebildet haben könnte.

275 Donceel-Voûte 1988, 174–177. Unterstützend Haensch 2010.

aus der unantiochenischen liturgischen Organisation der Kirche, die sich von den Bauten des Hinterlandes, das heißt des Kalksteinmassivs, abhebe. Schon das aber ist keineswegs sicher, da weder Bauform und Baugeschichte noch die Datierung der Kirche abschließend geklärt werden konnten[276]. Eine verlässliche Aussage über Regionalismen in der Gestaltung der Kirche von Machouka bleibt zudem vage, solange das Aufgehende, vor allem Langhauswände und Fenster, sowie die besonders aussagekräftige Bauornamentik sich einer Beurteilung entziehen[277]. Ob die stillschweigend vorausgesetzte Gleichung, die im Kalksteinmassiv einen getreuen Spiegel oder doch einen Reflex der Architektur Antiochias erkennt, wirklich aufgeht, muss deshalb bis auf Weiteres dahingestellt bleiben.

Obwohl die Befundlage wenig hergibt, ist Antiochia allein schon aufgrund seiner kirchenpolitischen Bedeutung in der Forschung oft als Taktgeber in der Sakralarchitektur angesehen worden. Ein hoch gehandelter Kandidat, der zumindest in seiner regionalen, syro-mesopotamischen Form in Antiochia entwickelt oder doch weiterentwickelt worden sein könnte, ist der zweischalige Tetrakonchos[278]. Die relativ seltene, dabei überaus prominente Bauform, kommt im syrischen Raum erstmals um 460 auf, und damit vielleicht nicht zufällig in einer Zeit, in der das Patriarchat von Antiochia seine Wirkung zu entfalten begann. Und vielleicht ist es auch kein Zufall, dass Tetrakonchen im nahegelegenen Seleukia Pieria (Abb. 26), dem Hafen Antiochias, in den großen städtischen Zentren Apamea und Beroea, und nicht zuletzt im Wallfahrtsort Sergiopolis/Ruṣāfa vertreten sind, die zum Patriarchat von Antiochia gehörten, oder doch enge Beziehungen in die Metropole unterhielten.

---

276 Eine regelrechte Publikation des Baus auf der Grundlage der Grabungsdokumentation im PUAA ist eine überaus lohnende Aufgabe.

277 Im Verlauf unseres Surveys (2004–2008) wurden rund 150 Fragmente von Baudekor, hauptsächlich Kapitelle, Gebälke und Türgewände, aufgenommen, von denen grob gesprochen die Hälfte dem 4.–6. Jh. zuzuweisen sein dürfte. Die Stücke lassen keine enge Verbindung mit der Bauornamentik des Kalksteinmassivs erkennen, was die naheliegende, immer wieder propagierte Theorie vom Einsatz hauptstädtischer Werkstätten im Kalksteinmassiv auf den ersten Blick nicht zu bestätigen scheint. Auch Deichmann 1982, 38–40 geht zwar im Fall von Qalʿat Simʿān von einer Planung des Bauvorhabens im hauptstädtischen Milieu und einer Beteiligung von antiochenischen Bauhandwerkern aus, doch sieht er im Kalksteinmassiv nicht zuletzt eine „architektonische Tradition ... des breiten nordsyrischen Landes" am Werke, die – allerdings in erster Linie planerisch – „unter dem entscheidenden Einfluß der Metropole" stand. Es bleibt also vorerst bei dem Resümee von Naccache 1992, 305: „L'influence d'Antioche demeure obscure, faute de documents".

278 Kleinbauer 1973; Kleinbauer 1987. – Kleinbauer 1973, 110 vermutet, dass „the prototype of the tetraconch church in Syria and Mesopotamia was localized in that region and was built before the church at Apamea (sc. um 460 n. Chr.) was erected".

Als antiochenisch gilt auch eine weitere, vielleicht ebenfalls nicht zufällig in derselben Zeit auftretende innovative Kirchenbauform, die Weitarkadenbasilika[279] (Abb. 27). Ihr Verbreitungsgebiet ist von wenigen Ausnahmen abgesehen der syrische Raum; besonders häufig ist sie im nordsyrischen Kalksteinmassiv (Antiochene), wo sich auch die frühesten Beispiele finden. In Antiochia ist kein Vertreter des Typus nachweisbar, weder durch Schriftquellen noch durch den charakteristischen Baudekor der Pfeilerbasiliken. Immerhin spricht nach Ansicht der Forschung sowohl die Chronologie als auch die Dichte der Befunde im Bereich des nördlichen Kalksteinmassivs, das zum Patriarchat von Antiochia gehörte, dafür, dass das nordsyrische Bergland „als eigentliches Entstehungsgebiet" der Bauform anzusehen ist, wobei „wichtige Impulse auch von der Hauptstadt selbst" ausgegangen sein mögen; unbestritten ist auch das nicht[280].

Antiochia und die bildenden Künste

Der schieren Größe und Bedeutung nach wird man Antiochia, wie den anderen Metropolen des Imperiums, eine eigenständige Kunstproduktion zutrauen dürfen[281]. Erstaunlicherweise finden die spätantiken Schriftsteller dafür keine Worte; Libanios lässt uns im beredten *Antiochikos* darüber im Unklaren, wofür antiochenische Werkstätten bekannt waren. Die amerikanischen Grabungen haben hier gewisse Perspektiven eröffnet, obwohl sich die Befunde in den meisten Gattungen als unerwartet dürftig und analytisch als widerspenstig erwiesen. Wie es um unser Wissen über die Kunstmetropole Antiochia bestellt ist, sei an zwei Gattungen kurz gezeigt; mehr als Randnotizen können das nicht sein.

Bodenmosaiken. Berühmt geworden ist Antiochia als Kunstmetropole durch die reichen Mosaikfunde, die genaugenommen allerdings überwiegend aus Daphne und Seleukia Pieria stammen[282]. Sie wurden unsachgemäß geborgen, zumeist nicht fachmännisch restauriert und, was vielleicht das Schlimmste ist, in den amerikanischen Sammlungen gegen alle Konventionen zerstückelt und zu Wandbildern degradiert, so dass man sich von der Bedeutung und Wirkung antiochenischer

---

279 Grundlegend die sorgfältige Analyse von Grossmann 1973, 43–50, bes. 46–50.

280 Grossmann 1973, 43–50, bes. 49. Skeptisch Krautheimer 1965, 115 (so noch in der 4. Auflage: Krautheimer 1989, 151–156).

281 Kleinbauer 1973, 110 Anm. 104 nennt Antiochia „one of the artistic capitals in the ancient world".

282 Grundlegend Levi 1947. Ergänzend Campbell 1988 (s. u. Anm. 285).

Bodenmosaiken heute nur noch in wenigen Museen einen Eindruck verschaffen kann[283].

Mosaiken sind genuin eine städtische Kunstgattung, und deshalb verwundert es nicht, in Antiochia vom späten 1./frühen 2. bis ins 6. Jahrhundert eine reiche Ateliertradition vorzufinden, auch wenn die Vorherrschaft der Metropole in der nördlichen Levante seit dem 3. Jahrhundert durch andere Werkstattzentren zunehmend in Frage gestellt wurde. Die antiochenischen Werkstätten agierten in der Spätantike im Wesentlichen lokal und regional (Daphne, Seleukia Pieria) und griffen offenbar nur in Ausnahmefällen weiter in die Chora oder in Nachbarregionen aus[284].

Die Datierung der antiochenischen Mosaiken, die kunsthistorisch gesehen zweifellos die bedeutendste Fundgattung aus Antakya bilden, beruht in erster Linie auf Stilanalyse, da die Ausgrabungen nur in wenigen Fällen belastbare stratigraphische Daten erbracht haben, und, wo dies anders ist, die diagnostischen Befunde nicht publiziert wurden oder sich als wenig stichhaltig erwiesen haben. Selbst wenn die vorliegende Typologie und relative Chronologie der antiochenischen Mosaiken in groben Zügen das Richtige treffen sollte[285], bleiben

283 In der erneuten Zusammenführung der versprengten Befunde liegt auch die eigentliche Bedeutung der Ausstellung „Antioch. The Lost Ancient City“ (Kondoleon 2000; Rez. von Brown 2001; Brands 2007). Eine mittlerweile nicht mehr ganz aktuelle Liste der antiochenischen Mosaiken in amerikanischen Sammlungen bei Jones 1981. Vgl. zuletzt Barsanti 2012.

284 Im Kalksteinmassiv haben sich keine Mosaiken gefunden, in der unmittelbaren Umgebung der Stadt, in den Villen der Amuqebene und des Orontestals sind sie sehr selten, während die kleinen Villen und Bauernhöfe des 2.–5. Jhs. n. Chr. im Gebel al-Aqra zahlreiche, wenn auch anspruchslose, zumeist geometrische Bodenmosaike aufweisen (De Giorgi 2007, 294). Das qualitätvolle Villenmosaik aus Mariamin (das üblicherweise, wenn auch nicht widerspruchslos, ins späte 4. Jh. gesetzt wird) ist willkürlich den Werkstätten von Antiochia, Apameia oder sogar den weitgehend unbekannten Betrieben von Konstantinopel zugeschlagen worden, das Mosaik aus Sarrin (zumeist in die 1. Hälfte des 6. Jhs. datiert) dürfte den Ateliers von Edessa zuzurechnen sein (Dunbabin 1999, 160–186). Ob und in welchem Umfang die antiochenischen Werkstätten in den kilikischen Raum (Misis, Tarsus, Korykos) ausgegriffen haben, ist bislang nicht untersucht worden. Noch im 2. und 3. Jh. reichte der Einfluss antiochenischer Werkstätten bis in den zentralen Mittelmeerraum, wie beispielsweise ein von Mosaizisten aus Daphne signierter Boden auf Kreta bezeugt (Markoulaki 2011, 54–59). Auch eine Herkunft der Mosaizisten der konstantinischen Geburtskirche in Bethlehem aus Antiochia wird diskutiert (Madden 2012).

285 Den einzigen Versuch, stratigraphische von stilistischen Bewertungsgrundlagen deutlicher zu trennen, bietet Campbell 1988, doch sind ihre Ergebnisse nicht zu Unrecht kritisch beurteilt worden (Dunbabin 1989, 313 f.; Baratte 1990, 665 f.; Balty 1990, 718–720). Einen Überblick, der weiterhin auf Levis Chronologie basiert, bietet Dunbabin 1999, 160–171. 179–186, für die Kaiserzeit bis zur Tetrarchie vgl. Balty 1981.

gerade für die spätantiken Mosaiken der Stadt zahlreiche Fragen offen[286]. Das bezeugt, um hier nur ein Beispiel zu nennen, eines der bekanntesten spätantiken Mosaiken, das aus dem Villenkomplex von Yakto stammt. Den Ausgräbern war bewusst, dass die Villa zumindest zwei Bauphasen aufwies, doch ließen sich keine Indizien für deren Datierung beibringen[287]. In die zweite Phase gehört das berühmte Megalopsychia-Mosaik (Abb. 28). Um die namengebende Büste, die die Freigebigkeit des Hausherrn in Szene setzt, sind sechs mythische Jagdszenen angeordnet[288]. Gerahmt wird das Zentrum von einem topographischen Fries mit der Darstellung von Bauten und Bautengruppen, die teilweise inschriftlich benannt sind[289]. Für die Datierung des Bodens und der gesamten zweiten Bauphase der Villa wird die Darstellung der Thermenanlage[290] eines gewissen Ardaburius (Tὸ πριβάτον Ἀρδαβουρίου) als ausschlaggebend angesehen (Abb. 28b), in dem die Forschung Flavius Ardaburius Aspar (iunior) sehen möchte, der als *magister militum per Orientem* (cos. 447) von 453 bis 466 in Antiochia residierte[291]. Natürlich ist nicht auszuschließen, dass dieser Ardaburius tatsächlich der Bauherr der dargestellten Thermenanlage war, doch böte das keine Handhabe für die Datierung des Mosaiks, sondern lediglich einen *terminus post quem non* für das dargestellte Gebäude[292].

286 Gelegentlich werden die Mosaiken in der jüngeren Forschung stilistisch um einige Jahrzehnte nach unten oder oben verschoben, ohne Levis Chronologie insgesamt kritisch in Frage zu stellen. – Zur Stilkritik als Methode in der Mosaikforschung vgl. skeptisch Hellenkemper Salies 1987, bes. 286–308; Muth 1998, 71–98; Brands 2002b.

287 Levi 1947, 279–283. 323–345. Unklar ist nicht nur, ob es sich überhaupt um eine einheitliche, zusammenhängende Villenanlage oder nicht vielmehr um mehrere Baukomplexe gehandelt hat. Offen bleibt auch die Datierung in die Mitte des 5. Jhs., für die keinerlei stratigraphische Bestätigung vorliegt. Die beiden Kapitelle, die Levi als Beleg für die Datierung empfindet, werden in der Ausgrabungspublikation (Antioch III, 153 Nr. 35. 36) ihrerseits bezeichnenderweise nach dem – unsicheren – „dating of the villa" datiert, die wiederum von der Beurteilung der Mosaiken abhängt (s. u.).

288 Zur Interpretation der Megalopsychia und der Jagdszenen vgl. Raeck 1992, 74 f. 143 f.

289 Auf die seit der Publikation umstrittene Deutung der in der Rahmenbordüre dargestellten Topographie, in denen entweder Antiochia, Daphne oder beide Orte gesehen werden und einer etwaigen literarischen Vorlage, die Lassus in dem *Antiochikos* des Libanios gefunden zu haben glaubte, werde ich an anderer Stelle zurückkommen. Vgl. grundlegend Lassus in: Antioch I; Downey 1961; Levi 1947, 326–337, bes. 332 f. Die am häufigsten diskutierte Darstellung ist das Oktogon: Deichmann 1972; Brenk 2003, 131.

290 So Downey 1961, 659 Anm. 1 (auf der Grundlage des Artikels von Bonner 1934). Lassus 1969, 140 hatte vorgeschlagen, in dem *pribaton* die Villa von Yakto selbst zu erkennen.

291 Zu Ardaburius (iunior) vgl. Martindale 1980a; Seeck 1895.

292 Vgl. Pamir – Brands 2007, 411 f. – Das vorerst letzte Beispiel für den methodisch unbefangenen Umgang mit dem Mosaik bietet der Beitrag von Guidetti 2010.

Der Sachverhalt wird noch weiter verkompliziert. Denn für den Bau der Thermenanlage kommt durchaus auch der Großvater des Ardaburius Aspar in Frage, Flavius Ardaburius (cos. 427), der als *magister utriusque militiae* und Oberbefehlshaber im Perserkrieg zwischen 421 und 425/427 in Antiochia präsent gewesen sein muss[293]. Es ist aber auch keineswegs ausgeschlossen, dass ein späterer Bewohner des Hauses, beispielsweise der Enkel des Ardabur, Flavius Areobindus Dagalaiphus Areobindus, der während seines Perserkommandos in den Jahren 503 bis 505 in Antiochia überwintert haben könnte, den Boden zur Erinnerung an die Munifizenz seines Großvaters oder seine eigenen Spielgeberschaften – 503 im Anschluss an die Olympischen Spiele in Daphne oder 506 in Konstantinopel – stiftete[294].

Damit wird der Weg frei, den Datierungsrahmen für das Mosaik wesentlich weiter zu spannen, und zugleich die Chronologie der mit dem Yaktomosaik verbundenen Böden kritisch zu überdenken[295]. Solange in solch grundlegenden Fragen weiterhin methodischer Dissens herrscht, bleibt das antiochenische Mosaik eine Gattung von begrenzter Aussagekraft.

Diese Unsicherheiten bleiben nicht ohne Folgen für andere Bereiche der spätantiken Stadtgeschichte, wie zum Beispiel die Hausarchitektur, deren Chronologie weitgehend auf der der Mosaiken beruht. Doch selbst wenn die gängigen Datierungen der Böden grundsätzlich zutreffen sollten, ist damit noch kein spätantikes Haus gewonnen. In der Regel sind die Ausgrabungen nämlich viel zu lückenhaft und die Chronologie der Ausgrabungsbefunde stratigraphisch nicht gesichert, um ausschließen zu können, dass es sich bei den Bauten nicht um hochkaiserzeitliche Häuser mit spätantiken Mosaiken handelt, also um Umbauten. Für die Typologie der Häuser ist also aus der Analyse der Böden allein keine Sicherheit zu gewinnen[296]. Auf einen Nenner gebracht bedeutet das, dass wir über

293 Martindale 1980b.

294 So der interessante Vorschlag von Mundell Mango 1995, 272 f. – Zur Person vgl. Martindale 1980c.

295 Um nur ein Beispiel zu nennen: Levi hatte das Fragment eines Mosaiks mit Stadtdarstellung aus dem Sektor 11-P (Levi 1947, 345 f. Taf. 74 b. c; Campbell 1988, 39 f. Abb. 118. 119) mit dem Yakto-Mosaik und einem Villenmosaik im nordafrikanischen Oudna (Uthina) verglichen, das er ebenfalls in das 3. Viertel des 5. Jhs. setzen wollte. Dunbabin hat dafür plädiert, das Mosaik aus Oudna in das späte 2. oder frühe 3. Jh. zu datieren (Dunbabin 1978, 112 f. 240 f. Abb. 101), was nicht nur dieser Analogie den Boden entziehen würde.

296 Deshalb ist die kurze Studie von Stillwell 1961 kaum mehr als ein Prolegomenon, zumal sich Stillwell bei seiner Darstellung vollkommen der Chronologie Levis überantwortet und eine mögliche, in einigen Fällen mehr als wahrscheinliche Mehrphasigkeit der Bauten nicht ins Kalkül zieht.

das spätantike Haus ebenso wie über spätantike Mosaiken in Antiochia kaum mehr als beiläufig unterrichtet sind.

Spätantike Skulptur. Auch die Beurteilung anderer Gattungen der bildenden Kunst in Antiochia erweist sich als diffizil. So liegen beispielsweise, abgesehen von Plausibilitätserwägungen, keine konkreten Anhaltspunkte vor, ob und in welchem Umfang Antiochia ein Zentrum der spätantiken Skulptur gewesen ist[297]. Die Metropole hat sich, was Sarkophage und Rundskulptur angeht, sehr zum Leidwesen der Ausgräber als fundarm erwiesen und das gilt in besonderem Maß für spätantike Plastik[298]. Das wäre angesichts der zahlreichen Zerstörungshorizonte der Stadt an sich nicht befremdlich, wäre demgegenüber die Zahl der von der Forschung für hellenistisch und hochkaiserzeitlich gehaltenen Stücke nicht erstaunlich hoch. Zwar ist unleugbar, dass die Werke der klassischen Skulptur in der Spätantike hochgeschätzt und gesammelt wurden. Doch kann andererseits von einem „Ende der antiken Idealstatue“ in der Spätantike, das von der Forschung lange Zeit und immer wieder postuliert wird[299], keine Rede sein. Vielmehr häufen sich die Belege dafür, dass noch bis in das 5. Jahrhundert hinein weiterhin – auch großformatige – Idealplastik produziert wurde[300]. Sie scheint keineswegs nur in den Provinzen für die Provinz geschaffen worden zu sein, sondern wird mittlerweile mit guten Gründen auch großstädtischen Ateliers wie Rom und Konstantinopel zugewiesen. Es bleibt deshalb zu prüfen, ob aus dem spätantiken Antiochia wirklich nur hellenistische und hochkaiserzeitliche Skulptur überliefert ist; die vielschichtige Diskussion um die Chronologie spätantiker Skulptur können wir an dieser Stelle natürlich nur streifen. Einen aufschlussreichen Ausgangspunkt für unsere Überlegungen bietet ein Skulpturenfund, der 1934 auf dem Gelände der

---

297 Vgl. Himmelmann 1970, 3: „Die spärlichen Skulpturenfunde auf dem Boden Antiochiens lassen die Bedeutung der Stadt in dieser Hinsicht nicht einmal ahnen.“

298 Die Grabungsfunde sind mit kurzen Beschreibungen und zumeist ohne Angabe von stratigraphischen Kontexten in Antioch II, 170–179 und Antioch III, 116–124 bekannt gemacht worden. Der im Folgenden näher besprochene Fund eines „Depots“ aus einer spätantiken Villa *extra muros* (Sektor 25-H; ‚Barracks House‘) wurde von Brinkerhoff 1970 vorgelegt, ein Teil der nach Princeton gelangten kaiserzeitlichen Skulptur von Najbjerg 2001 und Weir 2001. Zum Bestand des Museums in Antakya (allerdings ohne die Depotbestände): Meischner 2003 (in die Spätantike datiert werden die Nr. 17. 22. 24. 30); Laflı – Meischner 2008. – Für Gespräche und Hinweise zum Thema habe ich Hans R. Goette und Marianne Bergmann sehr zu danken.

299 Willers 1996; Muth 2007.

300 Einen Überblick über den disparaten Forschungsstand geben Hannestad 1994; Bergmann 1999, 14–25; Moltesen 2000, bes. 124–127; Gazda 2002; Hannestad 2007; Breitner 2008; Vorster 2012/2013.

‚französischen Kaserne' von Antakya zutage kam (Sektor 25-H)[301]. Das *extra muros* gelegene Areal wies offenbar eine typisch vorstädtische Bebauung mit kleinen Häusern und Villen auf. Auch der Skulpturenfund gehörte nach Ansicht der Ausgräber zu einer bescheidenen Villa des späten 4. oder frühen 5. Jahrhunderts, deren Besitzer immerhin eine, wenn auch überaus disparate Sammlung von mehr als zwanzig Objekten zusammengebracht hatte, die nach Ansicht von Brinkerhoff den Zeitraum vom späten 2. bis in das frühe 4. Jahrhundert umfasste[302].

Das vermeintlich früheste Stück, ein Kopf im Typus des Ares Borghese, wurde von Brinkerhoff ins späte 2. Jahrhundert datiert (Abb. 29). Eine Analyse des flächigen Kopfes und der Augenbohrungen führt indes zu einem weitaus späteren Ansatz, auch wenn die bislang genannten Datierungen im 5. Jahrhundert noch eines stringenten Nachweises bedürfen[303]. Einen spätantiken Ansatz bezeugt jedenfalls ein Vergleich etwa mit dem Helios und der Frauenbüste aus dem Fund von Silahtarağa[304], dem sogenannten Meleager in Mailand[305], dem Helios aus Aphrodisias[306], der wohl auch dem Kunstkreis von Aphrodisias zuzurechnenden Christusstatuette im Palazzo Massimo[307], einer theodosianischen Priesterbüste[308] und dem Kopf Valentinians II. in Istanbul[309].

Aus demselben Fundkomplex stammt auch der reizvolle Kopf eines jugendlichen Satyrn, der überwiegend in spätantoninisch-frühseverische Zeit datiert

301 Brinkerhoff 1970. Die Skulpturenfunde wurden zuvor bereits vorgelegt in Antioch II, 171 f. Nr. 121–142 Taf. 3–8. Grundriss der Villa: Levi 1947, 316 Abb. 131 Taf. 129 a–d. Keine der Publikationen liefert Angaben zu chronologisch relevanten Beifunden, die die von den Ausgräbern (Antioch II, 3) vorgeschlagene Datierung des Baus in irgendeiner Form belegen könnten. Die Fotografien der unpubliziert gebliebenen Mosaikausstattung lassen zudem ahnen, dass der Bau keineswegs ganz so bescheiden war, wie die Ausgräber angeben.

302 So Brinkerhoff 1970. In die Spätantike datierte Brinkerhoff lediglich den Kopf einer Apollonstatuette (Brinkerhoff 1970, 33–37 Abb. 41: 1. Hälfte des 4. Jhs.) und das Porphyrköpfchen eines tetrarchischen Herrschers (Brinkerhoff 1970, 19–28 Abb. 22. 23).

303 Brinkerhoff 1970, 32 f. Abb. 39. Der Vorschlag von Hannestad 1994, 119 (mittleres/spätes 5. Jh.) ist leicht modifiziert von Meischner 2003, 314 f. Nr. 17 (gegen 420/440) aufgegriffen worden. Der Kopf ist, wie die flächige Rückseite und die unterschiedliche Ohrenbildung andeuten, wahrscheinlich umgearbeitet.

304 Chaisemartin – Örgen 1984, 13–15 Nr. 1 Taf. 6 a (Helios, von Chaisemartin – Örgen als Apoll bezeichnet) und 71 f. Nr. 195 Taf. 46 (Frauentondo: vgl. Augenbildung, Inkarnat). Die von Chaisemartin – Örgen 1984 vorgeschlagene Datierung der Gruppe ins späte 2. Jh. ist von Fleischer 1988 zugunsten eines Ansatzes im späten 4. Jh. revidiert worden (vgl. zusammenfassend Bergmann 1999, 17–20).

305 Vgl. Milano 1990, 326 f. („ultimi decenni IV sec. d.C."); Bergmann 1999, 49 Taf. 42, 4.

306 Bergmann 1999, 49 Nr. 13 Taf. 21, 4 (4. Jh. oder später).

307 Bergmann 1999, 47 f. Taf. 40, 1. 2.

308 Inan – Alföldi-Rosenbaum 1979, 282–286 Nr. 274 Taf. 252.

309 Bergmann 1999, Taf. 52, 2.

wird[310]. Obwohl in dem Kopf, wie bei vielen Stücken, die als spätantik betrachtet werden, zweifellos die Nähe zur hochkaiserzeitlichen Plastik der Jahre um 200 mitschwingt, und er diese Verwandtschaft vielleicht sogar bewusst ausspielt[311], lassen die porzellanhafte Oberflächenbehandlung und die Augenbildung auch andere Tendenzen erkennen. Sie verbinden den Kopf vor allem mit dem Helios und der Artemis von Silahtarağa[312] sowie dem Dionysos aus Chiragan[313] und einem Aphroditeköpfchen in Dresden[314], weisen aber auch Gemeinsamkeiten mit dem Frühlingstondo in Kopenhagen[315], dem Athener Asklepios[316] sowie der bereits erwähnten Christusstatuette in Rom und dem Bildnis Valentinians II. in Istanbul auf. Der Kopf ist in Inkarnat und Haargestaltung mit einer der Musenstatuetten aus Kremna in Malibu verwandt[317], die deutliche Züge der Kunst des 4. Jahrhunderts zu erkennen geben, auch wenn sie einem anderen Kunstkreis angehören. Angeschlossen werden kann nach Plastizität und Oberflächengestaltung schließlich ein Dionysosköpfchen aus Chiragan[318].

Auch andere Skulpturen aus Antiochia müssen wahrscheinlich in diesen zeitlichen Zusammenhang gerückt werden. Dazu gehört in erster Linie der kleinformatige Torso einer jagenden Artemis (Abb. 30), der nicht in das 1. Jahrhundert

---

310 Meischner 2003, 308 f. Nr. 13 Taf. 16 (190/200 n. Chr.). Vgl. mit der Kopenhagener Esquilingruppe: Moltesen 2000, Taf. 76 a (Zeus) und Taf. 84 b (Helios). – Der Kopf der aus stilistischen Gründen wohl nicht zugehörigen Nymphe (Princeton University Art Museum: Antioch II, 171 Nr. 127 Taf. 4; Brinkerhoff 1970, 37–41 Abb. 59, zur Datierung 39 Anm. 166 [spätestens um 260]; Ridgway 1994, 85–88: um 260 n. Chr.), der aufgrund der Haargestaltung üblicherweise um die Mitte des 3. Jhs. datiert wird, könnte durchaus später sein (so Hannestad 1994, 119 Anm. 192 trotz der säuregereinigten Oberfläche des Kopfes). Nicht unähnlich sind in der Haargestaltung der Dionysos aus Chiragan (Bergmann 1999, Taf. 54, 1) und das Nikerelief in Istanbul (Bergmann 1999, 50 Nr. 16 Taf. 54, 2: Mitte 5. Jh.?) sowie im Inkarnat der Kopf einer weiblichen Statuette, ebenfalls aus Chiragan (Bergmann 1999, Taf. 55, 3. 4).

311 Überspitzt formuliert Hannestad 1994, 153 und Anm. 261: „If a pastiche shows similarity to the period it imitates, it should cause no surprise – that is the whole idea!"

312 Helios: Chaisemartin – Örgen 1984, 13–15 Nr. 1 Taf. 4–6; Bergmann 1999 Taf. 21, 3. – Artemis: Chaisemartin – Örgen 1984, 16–18 Nr. 3 Taf. 11.

313 Bergmann 1999, Taf. 52, 1; 54, 1. Vgl. auch den Kopf eines Hirten aus Chiragan (Bergmann 1999, Taf. 60). – Vgl. auch den Kopf einer weiblichen Statuette in Dijon (Bergmann 1999, Taf. 56, 2).

314 Knoll u. a. 2011, 625 f. Nr. 142 (Vorster datiert in die 2. Hälfte des 4. Jhs.).

315 Bergmann 1999, 45 Taf. 37, 2.

316 Bergmann 1999, Taf. 49, 1. 2.

317 Birk 2012, 29 Abb. 15 a; Schneider 1999, 93–95 Nr. 9 Taf. 27. 28; 104 Nr. 4 Taf. 32 datiert die Figuren in spätantoninische Zeit. Lit. zusammengestellt bei Meyer 2006, 393 Anm. 2023.

318 Bergmann 1999, Taf. 58.

v. Chr. gehören kann, wie zuletzt vorgeschlagen wurde[319]. Vielmehr handelt es sich bei der spiegelnd polierten Statuette um eine reliefhaft flächige Arbeit, wie sie auch für andere kleinformatige Gruppen der spätantiken Idealplastik, etwa die Diana aus Saint Georges de Montagne in Bordeaux (Abb. 31) und die Gruppen in Paris und Karthago, kennzeichnend ist[320]. Charakteristisch ist darüber hinaus die Kombination von fast glatten Gewandpartien, flachen, anliegenden Streifenfalten und tütenförmigen Falten mit gewellten Rändern, die sich in ähnlicher Form bei den Skulpturen aus Saint Georges, Chiragan, Silahtarağa und Dresden findet[321]. Es scheint daher naheliegend, auch den schönen Torso in Antakya in der zweiten Hälfte des 4. Jahrhunderts anzusetzen[322].

Dieser Exkurs, der eine ausführliche Begründung schuldig bleiben muss, soll andeuten, dass die Möglichkeiten für eine Analyse der spätantiken Skulptur aus Antiochia bei Weitem nicht ausgeschöpft sind. Damit bleibt Raum für Spekulationen. Man wird davon ausgehen dürfen, dass die Metropolen des Reiches nicht ausschließlich aus den provinziellen Steinbrüchen beliefert wurden oder sich ausschließlich über Wanderwerkstätten versorgten, sondern dass die aphrodisischen Werkstätten, vielleicht auch die dokimeischen, Dependancen in den Metropolen unterhielten, wie dies für Rom bereits seit der frühen Kaiserzeit nachweisbar ist[323]. Auch das spätantike Antiochia wäre ein naheliegender Standort für einen solchen Zweigbetrieb gewesen. Seit wann mit einem solchen Ableger zu rechnen ist und ob die Stadt, so wie Konstantinopel[324], möglicherweise eine eigene Werkstatttradition begründet hat, ist angesichts der Überlieferungslage zum gegenwärtigen Zeitpunkt nicht zu entscheiden.

Damit bleibt auch die eingangs gestellte Frage nach der Bedeutung Antiochias als Kunstmetropole unbeantwortet, und das nicht nur auf dem Gebiet der Skulptur. So ist Antiochia angesichts der reichen spätantiken Silberfunde aus Nordsyrien zwar immer wieder als Produktionszentrum von Profan- und vor allem

---

319 Meischner 2003, 301 f. Nr. 9 Taf. 12, 1 (H 29, B 21, T 8 cm). Zuerst vorgelegt in: Antioch III, 122 Nr. 315 Taf. 2 (R. Stillwell), hier auch eine Ansicht der Rückseite (unsere Abb. 30 b), die bei Meischner 2003 ebenso wie eine Seitenansicht fehlt.

320 Vgl. etwa Bonfante – Carter 1987; Bergmann 1999, Taf. 26. 27 (Saint Georges de Montagne); Gazda 1981, Abb. 7. 8.

321 Vgl. Bergmann 1999, Taf. 22. 23. 26. 27 und bes. 71. – Dresden: Knoll u. a. 2011, 610–614 (Vorster: spätes 4. Jh.).

322 Hannestad 2012, 105 f.

323 Zu Rom als Werkstattort in der Spätantike zuletzt Vorster 2012/2013, 414 f. (mit neueren Erkenntnissen zur Materialbestimmung) 460 f.

324 Vgl. Bergmann 1999, 60 f.; Stirling 2005, 127–130.

Kirchensilber ins Spiel gebracht worden[325]. Da aber weder die Chronologie noch die kunstlandschaftliche Einordnung der Gattung in den vergangenen Jahrzehnten nennenswerte Fortschritte gemacht haben, bleibt unser Eindruck auch von dieser Gattung der Kunstproduktion Antiochias einstweilen blass.

Es mag sein, dass, wie Downey abgeklärt und deprimierend zugleich formulierte, „it is not likely that we shall ever know as much about the Syrian metropolis as we do about Constantinople and Rome“[326]. Tatsächlich spricht unter den gegenwärtigen Umständen wenig dafür, dass in absehbarer Zeit eine einigermaßen verlässliche Geschichte Antiochias in der Spätantike geschrieben werden kann. Was ungeachtet aller Komplikationen einstweilen bleibt, ist der mühsame, aber keineswegs aussichtslose Weg über eine Archäologie der Stadt.

325 Vgl. vor allem Mundell Mango 1986. Für eine besondere Rolle Antiochias spricht auch die Verbindung zwischen Silberproduktion und den kaiserlichen Münzstätten, wie sie etwa im System der Silberstempelung zum Ausdruck kommt (vgl. Dodd 1961, dort auch 19 f. 248–251 Nr. 89. 90 zwei Objekte, die der antiochenischen Offizin zugewiesen werden können). Vgl. Baratte 1992.
326 Downey 1961, 6.

Literaturverzeichnis

Quellen

Ammianus Marcellinus, Res Gestae / Amm.

W. Seyfarth (Hrsg.), Ammianus Marcellinus: Römische Geschichte. Lateinisch und Deutsch und mit einem Kommentar versehen von Wolfgang Seyfarth, Schriften und Quellen der Alten Welt 21, 1–4 (Berlin 1968–1971)

Codex Iustinianus / CIust

Th. Mommsen – P. Krüger (Hrsg.), Codex Iustinianus, Corpus iuris civilis (Berlin 1889)

Codex Theodosianus / CTh

Th. Mommsen – P. M. Meyer (Hrsg.), Theodosiani libri XVI cum constitutionibus Sirmondianis et leges novellae ad Theodosianum pertinentes (Berlin 1905)

Decimus Magnus Ausonius, Ordo urbium nobilium / Auson., urb.

H. G. Evelyn-White (Hrsg.), Ausonius. With an English Translation, LCL 96 (London 1919)

Eusebius von Caesarea, De vita Constantini / Eus., vita Const.

I. Heikel (Hrsg.), Eusebius Werke 1, Die griechischen christlichen Schriftsteller der ersten drei Jahrhunderte 7 (Leipzig 1902) 1–148

B. Bleckmann – H. Schneider (Hrsg.), Eusebius von Caesarea. De vita Constantini – Über das Leben Konstantins. Griechisch-Deutsch, Fontes Christiani 83 (Turnhout 2007)

Eusebius von Caesarea, Oratio de Laudibus Constantini / Eus., laud. Const.

I. Heikel (Hrsg.), Eusebius Werke 1, Die griechischen christlichen Schriftsteller der ersten drei Jahrhunderte 7 (Leipzig 1902) 193–259

H. A. Drake, In Praise of Constantine: A Historical Study and New Translation of Eusebius's Tricennial Orations (Berkeley 1976)

Evagrius Scholasticus, Historia ecclesiastica / Evagr., HE

A. Hübner (Hrsg.), Evagrius Scholasticus. Historia ecclesiastica – Kirchengeschichte. Griechisch-Deutsch, Fontes Christiani 57 (Turnhout 2007)

M. Whitby (Hrsg.), The Ecclesiastical History of Evagrius Scholasticus, Translated Texts for Historians 33 (Liverpool 2000)

Expositio totius mundi et gentium / Expositio

J. Rougé (Hrsg.), Expositio totius mundi et gentium. Introduction, texte critique, traduction française, notes et commentaire, Sources chrétiennes 124 (Paris 1966)

Johannes Chrysostomus, Homiliae ad populum Antiochenum / Ioh. Chrys., Ad populum Antioch. hom. XVII

C. Marriott – E. A. Budge (Hrsg.), The Homilies of S. John Chrysostom on the Statues, or To the People of Antioch (Oxford 1842)

J. P. Migne (Hrsg.), Patrologiae Cursus Completus, Series Graeca 49 (Paris 1862) 171–180

Johannes von Ephesus, Historia ecclesiastica / Ioh. Eph., HE

E. W. Brooks (Hrsg.), Ioannis Ephesini historiae ecclesiasticae pars tertia, CSCO 105/54–106/55 (Leuven 1935/1936)

E. W. Brooks (Hrsg.), Ioannis Ephesini historiae ecclesiasticae fragmenta quae e prima et secunda parte supersunt, CSCO 104/53 (Leuven 1965) 402–420

Johannes Malalas, Chronographia / Ioh. Mal., Chron.

L. A. Dindorf (Hrsg.), Ioannis Malalae Chronographia, Corpus Scriptorum Historiae Byzantinae 32 (Bonn 1831)

J. Thurn (Hrsg.), Ioannis Malalae Chronographia, Corpus Fontium Historiae Byzantinae 35 (Berlin 2000)
J. Thurn – M. Meier (Hrsg.), Johannes Malalas: Weltchronik, Bibliothek der Griechischen Literatur 69 (Stuttgart 2009)
Johannes Rufus, Plerophoria / Ioh. Ruph., Pleroph.
F. Nau (Hrsg.), Jean Rufus, évêque de Maïouma. Plérophories, témoignages et révélations contre le Concile de Chalcédoine. Version syriaque et traduction française, Patrologia Orientalis 8, 1 (Paris 1912)
Julian Apostata, Epistulae / Iul., ep.
B. K. Weis (Hrsg.), Julian. Briefe. Griechisch-deutsch, Sammlung Tusculum 96 (München 1973)
Julian Apostata, Misopogon / Iul., mis.
F. L. Müller (Hrsg.), Die beiden Satiren des Kaisers Julian Apostata, Palingenesia 66 (Stuttgart 1998)
W. Cave Wright (Hrsg.), The Works of the Emperor Julian 2, LCL 29 (London 1913)
Libanius, Epistulae / Lib., ep.
R. Foerster (Hrsg.), Libanii Opera IX–XI (Leipzig 1921–1927)
A. F. Norman (Hrsg.), Libanius: Autobiography and Selected Letters, LCL 478/479 (Cambridge/Mass. 1993)
Libanius, Reden / Lib., or.
R. Foerster (Hrsg.), Libanii Opera I–IV (Leipzig 1903–1908)
A. F. Norman (Hrsg.), Libanius: Selected Works, LCL 451/452 (Cambridge/Mass. 1969–1977)
Prokopius von Caesarea, Anekdota / Prok., HA
O. Veh (Hrsg.), Prokop Werke 1: Anekdota, Griechisch-Deutsch (München 1970)
Prokopius von Caesarea, De aedificiis / Prok., aed.
O. Veh (Hrsg.), Prokop Werke 5: Bauten, Griechisch-Deutsch mit einem archäologischen Kommentar von W. Pülhorn (München 1977)
H. B. Dewing – G. Downey (Hrsg.), Procopius. Buildings, History of the Wars, and Secret History 7, LCL 343 (Cambridge/Mass. 1940)
Prokopius von Caesarea, De bello persico / Prok., Pers.
O. Veh (Hrsg.), Prokop Werke 3: Perserkriege, Griechisch-Deutsch (München 1970)
H. B. Dewing (Hrsg.), Procopius. Buildings, History of the Wars, and Secret History 1, LCL 48 (Cambridge/Mass. 1914)
Sueton, Augustus / Suet., Aug.
M. Ihm (Hrsg.), C. Suetonii Tranquilli opera 1. De vita Caesarum libri VIII (Stuttgart 1993)
Theodoret von Kyrrhus, Historia ecclesiastica / Theod., HE
L. Parmentier – G. C. Hansen – P. Canivet (Hrsg.), Théodoret de Cyr. Histoire ecclésiastique, Sources Chrétiennes 501 & 530 (Paris 2006–2009)
Theophanes Confessor, Chronographia / Theophan., Chron.
C. de Boor (Hrsg.), Theophanis chronographia (Leipzig 1883–1885)
C. A. Mango – R. Scott (Hrsg.), The Chronicle of Theophanes Confessor: Byzantine and Near Eastern History AD 284–813 (Oxford 1997)

Literatur

Abkürzungen und Sigel folgen den Richtlinien des Deutschen Archäologischen Instituts.

Acar 2011 = Ö. Acar, Antakya: Dinlerin Mozaikistan'ında Mozaik sanatının en büyüğü bulundu!, ArkSan 138, 2011, S. V–XII

Antioch I = G. W. Elderkin (Hrsg.), Antioch-on-the-Orontes I. The Excavations of 1932, Publications of the Committee for the Excavation of Antioch and its Vicinity (Princeton 1934)

Antioch II = R. Stillwell (Hrsg.), Antioch-on-the-Orontes II. The Excavations 1933–1936, Publications of the Committee for the Excavation of Antioch and its Vicinity (Princeton 1938)

Antioch III = R. Stillwell (Hrsg.), Antioch-on-the-Orontes III. The Excavations 1937–1939, Publications of the Committee for the Excavation of Antioch and its Vicinity (Princeton 1941)

Antioch IV 1 = F. O. Waagé, Antioch-on-the-Orontes IV 1. Ceramics and Islamic Coins, Publications of the Committee for the Excavation of Antioch and its Vicinity (Princeton 1948)

Antioch IV 2 = D. Waagé, Antioch-on-the-Orontes IV 2. Greek, Roman, Byzantine and Crusaders' Coins, Publications of the Committee for the Excavation of Antioch and its Vicinity (Princeton 1952)

Antioch V = J. Lassus, Antioch-on-the-Orontes V. Les portiques d'Antioche, Publications of the Committee for the Excavation of Antioch and its Vicinity (Princeton 1972)

Armstrong 1967 = G. T. Armstrong, Constantine's Churches, Gesta 6, 1967, 1–9

Balty 1981 = J. Balty, La mosaïque antique au Proche-Orient I. Des origines à la Tétrarchie, ANRW II 12, 2 (Berlin 1981) 347–429

Balty 1990 = J. Balty, Rez. zu S. D. Campbell, The Mosaics of Antioch, Subsidia Mediaevalia 15 (Toronto 1988), BJb 190, 1990, 718–720

Baratte 1990 = F. Baratte, Rez. zu S. D. Campbell, The Mosaics of Antioch, Subsidia Mediaevalia 15 (Toronto 1988), Gnomon 62, 1990, 665 f.

Baratte 1992 = F. Baratte, Les ateliers d'argenterie dans l'Antiquité tardive. Données actuelles, in: G. Sena Chiesa – E. A. Arslan (Hrsg.), Felix Temporis Reparatio. Atti del Convegno Archeologico Internazionale „Milano Capitale dell'Impero Romano", Milano 8–11 Marzo 1990 (Mailand 1992) 87–101

Barsanti 2012 = C. Barsanti, The Fate of the Antioch Mosaic Pavements: Some Reflections, JMR 5, 2012, 25–42

Bauer 1996 = F. A. Bauer, Stadt, Platz und Denkmal in der Spätantike. Untersuchungen zur Ausstattung des öffentlichen Raums in den spätantiken Städten Rom, Konstantinopel und Ephesos (Mainz 1996)

Bauer 2009 = F. A. Bauer, Roma tardoantica, in: H. von Hesberg – P. Zanker (Hrsg.), Architettura romana: I grandi monumenti di Roma (Mailand 2009) 96–109

Bauer 2012 = F. A. Bauer, Stadt ohne Kaiser. Rom im Zeitalter der Dyarchie und Tetrarchie, in: T. Fuhrer (Hrsg.), Rom und Mailand in der Spätantike. Repräsentationen städtischer Räume in Literatur, Architektur und Kunst, Topoi 4 (Berlin 2012) 3–85

Becker – Kondoleon 2005 = L. Becker – Chr. Kondoleon, The Arts of Antioch. Art Historical and Scientific Approaches to Roman Mosaics and a Catalogue of the Worcester Art Museum Antioch Collection (Princeton 2005)

Belamarić 2004 = J. Belamarić, Gynaeceum Iovense Dalmatiae – Aspalatho, in: A. Demandt – A. Golz – H. Schlange-Schöningen (Hrsg.), Diokletian und die Tetrarchie. Aspekte einer Zeitenwende, Millennium-Studien/Millennium Studies 1 (Berlin 2004) 141–162

Berger 1997 = A. Berger, Regionen und Straßen im frühen Konstantinopel, IstMitt 47, 1997, 349–414

Bergmann 1999 = M. Bergmann, Chiragan, Aphrodisias, Konstantinopel. Zur mythologischen Skulptur der Spätantike, Palilia 7 (Wiesbaden 1999)

Birk 2012 = S. Birk, Carving Sarcophagi: Roman Sculptural Workshops and their Organisation, in: T. M. Kristensen – B. Poulsen (Hrsg.), Ateliers and Artisans in Roman Art and Archaeology, JRA Suppl. 92 (Portsmouth 2012) 13–37

Bonfante – Carter 1987 = L. Bonfante – C. Carter, An Absent Heracles and a Hesperid: A Late Antique Marble Group in New York, AJA 91, 1987, 247–257

Bonner 1934 = C. Bonner, Note on the Mosaic of Daphne, AJA 38, 1934, 340

Bowersock 1994 = G. W. Bowersock, The Search for Antioch. Karl Otfried Müller's Antiquitates Antiochenae, in: G. W. Bowersock (Hrsg.), Studies on the Eastern Roman Empire, Bibliotheca eruditorum 9 (Goldbach 1994) 411–427

Brandenburg 1998 = H. Brandenburg, Die Kirche S. Stefano Rotondo in Rom. Bautypologie und Architektursymbolik in der spätantiken und frühchristlichen Architektur, Hans-Lietzmann-Vorlesungen 2 (Berlin 1998)

Brandes 1989 = W. Brandes, Die Städte Kleinasiens im 7. und 8. Jahrhundert (Amsterdam 1989)

Brands 2002a = G. Brands, Die Bauornamentik von Resafa-Sergiupolis. Studien zur spätantiken Architektur und Bauausstattung in Syrien und Mesopotamien, Resafa 6 (Mainz 2002)

Brands 2002b = G. Brands, Anmerkungen zu spätantiken Bodenmosaiken aus Nordsyrien, JbAC 45, 2002, 122–136

Brands 2007 = G. Brands, Antiochia im Spiegel der jüngeren Forschung – The Lost Ancient City?, JRA 20, 2007, 595–602

Brands 2009 = G. Brands, Prokop und das Eiserne Tor. Ein Beitrag zur Topographie von Antiochia am Orontes, in: I. Eichner – V. Tsamakda, Syrien und seine Nachbarn von der Spätantike bis in die islamische Zeit (Wiesbaden 2009) 9–20

Brands 2010 = G. Brands, Hellenistic Antioch-on-the-Orontes: A Status Quo, Anadolu ve Çevresinde Ortaçağ 4, 2010, 1–18

Brands – Meyer 2006 = G. Brands – C. Meyer, Antioch-on-the-Orontes and Seleucia Pieria 2004: Preliminary Results of the Geophysical Survey, in: 21. Arkeometri Sonuçları Toplantısı, Antalya 2005 (Ankara 2006) 149–154

Brands – Rutgers 1999 = G. Brands – L. V. Rutgers, Wohnen in der Spätantike, in: W. Hoepfner (Hrsg.), Geschichte des Wohnens I (Stuttgart 1999) 855–918

Brands – Severin 2003 = G. Brands – H.-G. Severin (Hrsg.), Die spätantike Stadt und ihre Christianisierung, Spätantike – Frühes Christentum – Byzanz. Kunst im ersten Jahrtausend. Reihe B: Studien und Perspektiven 11 (Wiesbaden 2003)

Brasse 2010 = Ch. Brasse, Von der Stadtmauer zur Stadtgeschichte. Das Befestigungssystem von Antiochia am Orontes, in: J. Lorentzen – F. Pirson – P. Schneider – U. Wulf-Rheidt (Hrsg.), Aktuelle Forschungen zur Konstruktion, Funktion und Semantik antiker Stadtbefestigungen: Kolloquium 9./10. Februar 2007 in Istanbul, Byzas 10 (Istanbul 2010) 261–282

Breitner 2008 = G. Breitner, Simulacra artis pretio metienda. Studien zur Erforschung spätantiker mythologischer Rundplastik (Diss. Universität Mainz 2004; o. O. 2008)
Brenk 1996 = B. Brenk, Innovation im Residenzbau der Spätantike, in: B. Brenk (Hrsg.), Innovation in der Spätantike, Kolloquium Basel 1994 (Wiesbaden 1996) 67–90
Brenk 2003 = B. Brenk, Die Christianisierung der spätrömischen Welt (Wiesbaden 2003)
Brinkerhoff 1970 = D. M. Brinkerhoff, A Collection of Sculpture in Classical and Early Christian Antioch (New York 1970)
Brown 2001 = P. Brown, Charmed Lifes, New York Times, 12. April 2001, 43–49
Bülow 2011 = G. von Bülow, Romuliana-Gamzigrad – Ort der Erinnerung oder Herrschaftsort?, in: Bülow – Zabehlicky 2011, 153–165
Bülow – Zabehlicky 2011 = G. von Bülow – H. Zabehlicky (Hrsg.), Bruckneudorf und Gamzigrad. Spätantike Paläste und Großvillen im Donau-Balkan-Raum, Akten des internationalen Kolloquiums in Bruckneudorf vom 15. bis 18. Oktober 2008 (Bonn 2011)
Cain – Pfanner 2009 = H.-U. Cain – M. Pfanner, Die Agora Milets in der Kaiserzeit und Spätantike, in: O. Dally – M. Maischberger – P. I. Schneider – A. Scholl (Hrsg.), ZeitRäume. Milet in Kaiserzeit und Spätantike, Ausstellung Berlin 2009/2010 (Regensburg 2009) 83–95
Campbell 1938 = W. A. Campbell, The Fourth and Fifth Seasons of Excavation at Antioch-on-the-Orontes: 1935–1936, AJA 42, 1938, 205–217
Campbell 1988 = S. Campbell, The Mosaics of Antioch, Subsidia Mediaevalia 15 (Toronto 1988)
Casana 2003 = J. Casana, From Alalakh to Antioch: Settlement, Land Use and environmental Change in the Amuq Valley of Southern Turkey (Diss. University of Chicago 2003)
Casana 2004 = J. Casana, The Archaeological Landscape of Late Roman Antioch, in: I. Sandwell – J. Huskinson (Hrsg.), Culture and Society in Later Roman Antioch. Papers from a Colloquium, London, 15th December 2001 (Oxford 2004) 102–125
Casana – Wilkinson 2005 = J. Casana – T. J. Wilkinson, Settlement and Landscapes in the Amuq Region, in: A. K. Yener (Hrsg.), The Amuq Valley Regional Project I: Surveys in the Plain of Antioch and Orontes Delta, Turkey, 1995–2002, Oriental Institute Publications 131 (Chicago 2005) 25–65
Cassas 1798 = L.-F. Cassas, Voyage Pittoresque de la Syrie, de la Phénicie, de la Palestine, et de la Basse Égypte (Paris 1798)
Chaisemartin – Örgen 1984 = N. de Chaisemartin – E. Örgen, Les documents sculptés de Silahtarağa, Recherche sur les civilisations, Mémoires 46 (Paris 1984)
Ćurčić 1993 = S. Ćurčić, Late-Antique Palaces: The Meaning of Urban Context, Ars Orientalis 23, 1993, 67–90
Decker 2007 = M. Decker, Frontier Settlement and Economy in the Byzantine East, DOP 61, 2007, 217–267
De Giorgi 2007 = A. De Giorgi, The Formation of a Roman Landscape: the Case of Antioch, JRA 20, 2007, 283–298
De Giorgi 2008 = A. De Giorgi, Town and Country in Roman Antioch, in: R. Alston – O. M. van Nijf (Hrsg.), Feeding the Ancient Greek City (Leuven 2008) 63–84
De Giorgi (im Druck) = A. De Giorgi, Antioch: The Landscape Perspective. A Study on Antiochene Archaeology beyond the City Walls (Cambridge, im Druck)
Deichmann 1972 = F. W. Deichmann, Das Oktogon von Antiocheia: Heroon-Martyrion, Palastkirche oder Kathedrale?, ByzZ 65, 1972, 40–56
Deichmann 1979 = F. W. Deichmann, Westliche Bautechnik im römischen und rhomäischen Osten, RM 86, 1979, 473–527

Deichmann 1982 = F. W. Deichmann, Qalb Loze und Qal'at Sem'an. Die besondere Entwicklung der nordsyrisch-spätantiken Architektur, Sitzungsberichte der Bayerischen Akademie der Wissenschaften. Philosophisch-philologische und historische Klasse 1982, H. 6 (München 1982)

Dodd 1961 = E. Cruikshank Dodd, Byzantine Silver Stamps (Washington 1961)

Donceel-Voûte 1988 = P. Donceel-Voûte, Les pavements des églises byzantines de Syrie et du Liban. Décor, archéologie et liturgie, Publications d'archéologie et d'histoire de l'art de l'Université Catholique de Louvain 69 (Louvain-La-Neuve 1988)

Döring 2011 = Das ‚Eiserne Tor' von Antiochia/Türkei – Römische Aquäduktbrücke, Stadtmauer und Talsperre, in: Bayerische Gesellschaft für Unterwasserarchäologie (Hrsg.), Archäologie der Brücken (Regensburg 2011) 67–72

Downey 1939a = G. Downey, Julian the Apostate at Antioch, Church History 8, 1939, 303–315

Downey 1939b = G. Downey, Procopius on Antioch: A Study of Method in the „De Aedificiis", Byzantion 14, 1939, 361–378

Downey 1941 = G. Downey, The Wall of Theodosius at Antioch, AJPh 62, 1941, 207–213

Downey 1951 = G. Downey, The Water Supply of Antioch on the Orontes in Antiquity, Les Annales Archéologiques de Syrie 1, 1951, 171–187

Downey 1953 = G. Downey, The Palace of Diocletian at Antioch, Les Annales Archéologiques de Syrie 3, 1953, 106–116

Downey 1958 = G. Downey, The Size of the Population of Antioch, TransactAmPhilAss 89, 1958, 84–91

Downey 1961 = G. Downey, A History of Antioch in Syria from Seleucus to the Arab Conquest (Princeton 1961)

Dunbabin 1978 = K. M. Dunbabin, The Mosaics of Roman North Africa (Oxford 1978)

Dunbabin 1989 = K. Dunbabin, Roman and Byzantine Mosaics in the Eastern Mediterranean, JRA 2, 1989, 313–318

Dunbabin 1999 = K. Dunbabin, Mosaics of the Greek and Roman World (Cambridge 1999)

Eger 2013 = A. Eger, (Re)Mapping Medieval Antioch. Urban Transformations from the (Early) Islamic to the (Middle) Byzantine Periods, DOP 67, 2013, 95–134

Elm 2012 = S. Elm, Sons of Hellenism, Fathers of the Church. Emperor Julian, Gregory of Nazianzus, and the Vision of Rome, Transformation of the Classical Heritage 49 (Berkeley 2012)

Fatouros – Krischer 1992 = G. Fatouros – T. Krischer, Libanios, Antiochikos (or. XI). Zur heidnischen Renaissance in der Spätantike (Wien 1992)

Fleischer 1988 = R. Fleischer, Rez. zu N. de Chaisemartin – E. Örgen, Les documents sculptés de Silahtarağa, Recherche sur les civilisations. Mémoires 46 (Paris 1984), Gnomon 60, 1988, 61–65

Foerster 1897 = R. Foerster, Antiochia am Orontes, JdI 12, 1897, 103–149

Förtsch 1993 = R. Förtsch, Archäologischer Kommentar zu den Villenbriefen des jüngeren Plinius (Mainz 1993)

Foss 1997 = C. Foss, Syria in Transition, A.D. 550–750: An Archaeological Approach, DOP 51, 1997, 189–269

France 1994 = J. France, Victory in the East. A Military History of the First Crusade (Cambridge 1994)

Gazda 1981 = E. Gazda, A Marble Group of Ganymede and the Eagle from the Age of Augustine, in: J. Humphrey (Hrsg.), Excavations at Carthage 1977 Conducted by the University of Michigan VI (Ann Arbor 1981) 125–178

Gazda 2002 = E. Gazda, Mythological Marbles in Late Antiquity: the Artistic Circle of Aphrodisias, JRA 15, 2002, 660–665

Gerritsen u. a. 2008 = F. Gerritsen – A. De Giorgi – A. Eger – R. Özbal – T. Vorderstrasse, Settlement and Landscape Transformations in the Amuq Valley, Hatay. A Long-term Perspective, Anatolica 34, 2008, 241–314

Geyer 1993 = A. Geyer, „Ne ruinis urbs deformetur ...". Ästhetische Kriterien in der spätantiken Baugesetzgebung, Boreas 16, 1993, 63–77

Grossmann 1973 = P. Grossmann, S. Michele in Africisco zu Ravenna. Baugeschichtliche Untersuchungen, Sonderschriften (Deutsches Archäologisches Institut. Römische Abteilung) 1 (Mainz 1973)

Guidetti 2010 = F. Guidetti, Urban Continuity and Change in Late Roman Antioch, Acta Byzantina Fennica 3, 2010, 81–104

Hadjitryphonos 2011 = E. Hadjitryphonos, The Palace of Galerius in Thessalonike: its Place in the Modern City and an Account of the State of Research, in: Bülow – Zabehlicky 2011, 203–217

Haensch 2010 = R. Haensch, Archäologie und Epigraphik, Reichsweite Verbreitung und lokale Praktiken, KölnJb 43, 2010, 289–295

Hahn 2004 = J. Hahn, Gewalt und religiöser Konflikt. Studien zu den Auseinandersetzungen zwischen Christen, Heiden und Juden im Osten des Römischen Reiches (von Konstantin bis Theodosius II.), Klio Beih. N.F. 8 (Berlin 2004)

Hahn 2013 = J. Hahn, Die Olympischen Spiele von Antiochia: Zu den Wandlungen eines Agons im spätantiken Imperium, in: J. Gutsfeld – S. Lehmann (Hrsg.), Der gymnische Agon in der Spätantike (Bad Kreuznach 2013) 75–92

Hanell 1935 = RE XVI 2 (Stuttgart 1935) 2422–2428 s. v. Neokoroi (K. Hanell)

Hannestad 1994 = N. Hannestad, Tradition in Late Antique Sculpture: Conservation – Modernization – Production, Acta Jutlandica. Humanities Series 69 (Aarhus 1994)

Hannestad 2007 = N. Hannestad, Late Antique Mythological Sculpture – In Search of a Chronology, in: F. A. Bauer – C. Witschel (Hrsg.), Statuen in der Spätantike, Spätantike – Frühes Christentum – Byzanz. Kunst im ersten Jahrtausend. Reihe B: Studien und Perspektiven 23 (Wiesbaden 2007) 273–305

Hannestad 2012 = N. Hannestad, Mythological Marble Sculpture of Late Antiquity and the Question of Workshops, in: T. M. Kristensen – B. Poulsen (Hrsg.), Ateliers and Artisans in Roman Art and Archaeology, JRA Suppl. 92 (Portsmouth 2012) 75–112

Haug 2003 = A. Haug, Die Stadt als Lebensraum. Eine kulturhistorische Analyse zum spätantiken Stadtleben in Norditalien, Internationale Archäologie 85 (Rahden/Westf. 2003)

Held 2008 = W. Held, Der Donuk Taş in Tarsos, Olba 16, 2008, 163–192

Hellenkemper Salies 1987 = G. Hellenkemper Salies, Die Datierung der Mosaiken im Großen Palast zu Konstantinopel, BJb 187, 1987, 272–308

Hermann 1962 = RAC 5 (Stuttgart 1962) 1070–1113 s. v. Erdbeben (A. Hermann)

Heucke 1994 = C. Heucke, Circus und Hippodrom als politischer Raum. Untersuchungen zum grossen Hippodrom von Konstantinopel und zu entsprechenden Anlagen in spätantiken Kaiserresidenzen, Altertumswissenschaftliche Texte und Studien 28 (Hildesheim 1994)

Himmelmann 1970 = N. Himmelmann, Sarkophage in Antakya, AbhAkWissMainz 9 (Wiesbaden 1970)

Hölscher 2006 = T. Hölscher, Das Forum Romanum – die monumentale Geschichte Roms, in: E. Stein-Hölkeskamp – K.-J. Hölkeskamp (Hrsg.), Erinnerungsorte der Antike. Die römische Welt (München 2006) 100–122

Hoepfner 1999 = W. Hoepfner, Antiochia die Große und Epiphaneia, in: W. Hoepfner (Hrsg.), Geschichte des Wohnens I (Stuttgart 1999) 472–491

Hoepfner 2003 = W. Hoepfner, Das Ende der Agora, in: Brands – Severin 2003, 145–150

Hoepfner – Brands 1996 = W. Hoepfner – G. Brands (Hrsg.), Basileia. Die Paläste der hellenistischen Könige, Internationales Symposion in Berlin vom 16.12.1992 bis 20.12.1992, Schriften des Seminars für klassische Archäologie der Freien Universität Berlin (Mainz 1996)

Honigmann 1921 = RE II A 1 (Stuttgart 1921) 1184–1200 s. v. Seleukeia (Pieria) (E. Honigmann)

Honoré 1978 = T. Honoré, Tribonian (London 1978)

Horster 1997 = M. Horster, Literarische Zeugnisse kaiserlicher Bautätigkeit, Beiträge zur Altertumskunde 91 (Stuttgart 1997)

Humphrey 1986 = J. H. Humphrey, Roman Circuses. Arenas for Chariot Racing (London 1986)

Inan – Alföldi-Rosenbaum 1979 = J. Inan – E. Alföldi-Rosenbaum, Römische und frühbyzantinische Porträtplastik aus der Türkei. Neue Funde (Mainz 1979)

Jacquot 1931 = P. Jacquot, Antioche. Centre de tourisme I–III (o. O. 1931)

Jalabert – Mouterde 1950 = L. Jalabert – R. Mouterde (Hrsg.), Région de l'Amanus. Antioche, Les Inscriptions Grecques et Latines de la Syrie 3, 1 (Paris 1950)

Jeffreys 2000 = E. Jeffreys, Malalas, Procopius and Justinian's Buildings, AntTard 8, 2000, 73–79

Jones 1981 = F. F. Jones, Antioch Mosaics in Princeton, Record of the Art Museum, Princeton University 40, 2, 1981, 2–26

Jordan-Ruwe 1995 = M. Jordan-Ruwe, Das Säulenmonument. Zur Geschichte der erhöhten Aufstellung antiker Porträtstatuen, AMS 19 (Bonn 1995)

Karnapp 1976 = W. Karnapp, Die Stadtmauer von Resafa in Syrien, DAA 11 (Berlin 1976)

Kennedy 1985a = H. Kennedy, From Polis to Madina: Urban Change in Late Antique and Early Islamic Syria, Past and Present 106, 1985, 3–27

Kennedy 1985b = H. Kennedy, The Last Century of Byzantine Syria: A Reinterpretation, ByzF 10, 1985, 141–183

Kennedy 1992 = H. Kennedy, Antioch: From Byzantium to Islam and Back Again, in: J. Rich (Hrsg.), The City in Late Antiquity, Leicester-Nottingham Studies in Ancient Society 3 (London 1992) 181–198

Kleinbauer 1973 = E. Kleinbauer, The Origin and Functions of the Aisled Tetraconch Churches in Syria and Northern Mesopotamia, DOP 27, 1973, 89–114

Kleinbauer 1987 = E. Kleinbauer, The Double-shell Tetraconch Building at Perge in Pamphylia and the Origin of the Architectural Genus, DOP 41, 1987, 277–293

Knoll u. a. 2011 = K. Knoll – Ch. Vorster – M. Woelk (Hrsg.), Skulpturensammlung Staatliche Kunstsammlung Dresden. Katalog der antiken Bildwerke II 1 (München 2011)

Kolb 1996 = F. Kolb, Antiochia in der frühen Kaiserzeit, in: H. Cancik – H. Lichtenberger – P. Schäfer (Hrsg.), Geschichte – Tradition – Reflexion. Festschrift Martin Hengel II (Tübingen 1996) 97–118

Kondoleon 2000 = C. Kondoleon (Hrsg.), Antioch. The Lost Ancient City, Ausstellungskatalog Worcester, Cleveland, Baltimore 2000/2001 (Princeton 2000)

Krautheimer 1965 = R. Krautheimer, Early Christian and Byzantine Architecture ^{1}(Harmondsworth 1965)

Krautheimer 1989 = R. Krautheimer, Early Christian and Byzantine Architecture [4](London 1989)
Krischen 1938 = Fritz Krischen, Die Landmauer von Konstantinopel I, DAA 6 (Berlin 1938)
Laflı – Meischner 2008 = E. Laflı – J. Meischner, Hellenistische und römische Grabstelen im Archäologischen Museum von Hatay in Antakya, ÖJh 77, 2008, 145–183
Lassus 1938 = J. Lassus, La mosaïque du Phénix provenant des fouilles d'Antioche, MonPiot 36, 1938, 81–122
Lassus 1969 = J. Lassus, Antioche en 459 d'après la mosaïque de Yaqto, in: J. Balty (Hrsg.), Apamée de Syrie. Bilan des recherches archéologiques 1965–1968. Actes du Colloque tenu à Bruxelles les 29 et 30 avril 1969, Miscellanea 6 (Brüssel 1969) 137–146
Laubscher 1975 = H. P. Laubscher, Der Reliefschmuck des Galeriusbogens in Thessaloniki, AF 1 (Berlin 1975)
Lauffray 1983 = J. Lauffray, Ḥalabiyya – Zenobia I. Place forte du limes oriental et la Haute-Mésopotamie au VIe siècle (Paris 1983)
Lavan 1999 = L. Lavan, Residences of late antique Governors: a Gazetteer, AntTard 7, 1999, 135–164
Lavan 2001 = L. Lavan, The Praetoria of Civil Governors in Late Antiquity, in: L. Lavan (Hrsg.), Recent Research in Late-Antique Urbanism, JRA Suppl. Ser. 42 (Portsmouth 2001) 39–56
Leblanc – Poccardi 1999 = J. Leblanc – G. Poccardi, Étude de la permanence de tracés urbains et ruraux antiques à Antioche-sur-l'Oronte, Syria 76, 1999, 91–126
Leblanc – Poccardi 2004 = J. Leblanc – G. Poccardi, L'eau domestiquée et l'eau sauvage à Antioche-sur-l'Oronte: problèmes de gestion, Topoi. Orient – Occident Suppl. 5 (Lyon 2004) 239–256
Leeb 1992 = R. Leeb, Konstantin und Christus. Die Verchristlichung der imperialen Repräsentation unter Konstantin dem Großen als Spiegel seiner Kirchenpolitik und seines Selbstverständnisses als christlicher Kaiser, Arbeiten zur Kirchengeschichte 58 (Berlin 1992)
Lenski 2002 = N. E. Lenski, Failure of Empire. Valens and the Roman State in the Fourth Century A.D. (Berkeley 2002)
Leppin 1996 = H. Leppin, Von Constantin dem Großen zu Theodosius II. Das christliche Kaisertum bei den Kirchenhistorikern Socrates, Sozomenus und Theodoret (Göttingen 1996)
Levi 1947 = D. Levi, Antioch Mosaic Pavements (Princeton 1947)
Liebeschuetz 1972 = J. H. W. G. Liebeschuetz, Antioch: City and Imperial Administration in the Later Roman Empire (Oxford 1972)
Little 2007 = L. K. Little (Hrsg.), Plague and the End of Antiquity. The Pandemic of 541–750 (Cambridge 2007)
Madden 2012 = A. Madden, A Revised Date for the Mosaic Pavements of the Church of the Nativity, Bethlehem, AncWestEast 11, 2012, 147–190
Magness 2003 = J. Magness, The Archaeology of the Early Islamic Settlement in Palestine (Winona Lake 2003)
Mango 1972 = C. Mango, The Church of Saints Sergius and Bacchus at Constantinople and the Alleged Tradition of Octagonal Palatine Churches, JbÖByz 21, 1972, 189–193
Mango – Scott 1997 = C. Mango – R. Scott, The Chronicle of Theophanes Confessor. Byzantine and Near Eastern History AD 284–813 (Oxford 1997)
Mann 1968 = Th. Mann, Lübeck als geistige Lebensform (Rede, gehalten zur 700-Jahr-Feier der Freien und Hansestadt Lübeck am 5. Juni 1926), in: Th. Mann, Werke. Das essayistische Werk: Autobiographisches (Frankfurt/M. 1968) 177–194

Markoulaki 2011 = S. Markoulaki, Mosaïques romaines de Crète, DossAParis 346, 2011, 54–59
Martindale 1980a = The Prosopography of the Later Roman Empire II: A.D. 395–527 (Cambridge 1980) 135–137 s. v. Ardabur 1 (J. R. Martindale)
Martindale 1980b = The Prosopography of the Later Roman Empire II: A.D. 395–527 (Cambridge 1980) 137 f. s. v. Ardabur 3 (J. R. Martindale)
Martindale 1980c = The Prosopography of the Later Roman Empire II: A.D. 395–527 (Cambridge 1980) 143 f. s. v. Flavius Areobindus Dagalaiphus Areobindus 1 (J. R. Martindale)
Mayer 2002 = E. Mayer, Rom ist dort, wo der Kaiser ist. Untersuchungen zu den Staatsdenkmälern des dezentralisierten Reiches von Diocletian bis zu Theodosius II., Römisch-Germanisches Zentralmuseum. Monographien 53 (Mainz 2002)
Mayer – Allen 2012 = W. Mayer – P. Allen, The Churches of Syrian Antioch (300–638 CE), Late Antique History and Religion 5 (Leuven 2012)
Meier 1996 = H.-R. Meier, Alte Tempel – neue Kulte, in: B. Brenk (Hrsg.), Innovation in der Spätantike, Kolloquium Basel, 6. und 7. Mai 1994, Spätantike, Frühes Christentum, Byzanz. Reihe B: Studien und Perspektiven 1 (Wiesbaden 1996) 363–376
Meier 2003 = M. Meier, Das andere Zeitalter Justinians. Kontingenzerfahrung und Kontingenzbewältigung im 6. Jahrhundert n. Chr., Hypomnemata 147 (Göttingen 2003)
Meier 2005 = M. Meier, „Hinzu kam auch noch die Pest ...“ Die sogenannte Justinianische Pest und ihre Folgen, in: M. Meier (Hrsg.), Pest. Die Geschichte eines Menschheitstraumas (Stuttgart 2005) 86–107
Meier 2009 = M. Meier, Die Brand- und Erdbebenkatastrophen in Antiocheia in den Jahren 525 bis 528, in: G. J. Schenk (Hrsg.), Katastrophen. Vom Untergang Pompejis bis zum Klimawandel (Ostfildern 2009) 37–51
Meischner 2003 = J. Meischner, Die Skulpturen des Hatay Museums von Antakya, JdI 118, 2003, 285–384
Meyer 2006 = M. Meyer, Die Personifikation der Stadt Antiocheia. Ein neues Bild für eine neue Gottheit, JdI Ergh. 33 (Berlin 2006)
Meyer-Plath – Schneider 1943 = B. Meyer-Plath – A. M. Schneider, Die Landmauer von Konstantinopel II, DAA 8 (Berlin 1943)
Milano 1990 = Milano capitale dell’ impero romano 286–402 d.C., Ausstellung Mailand 1990 (Mailand 1990)
Moltesen 2000 = M. Moltesen, The Esquiline Group: Aphrodisian Statues in the Ny Carlsberg Glyptotek, AntPl 27 (München 2000) 111–131
Morey 1938 = C. R. Morey, The Mosaics of Antioch (New York 1938)
Mühlenbrock 2003 = J. Mühlenbrock, Tetrapylon. Zur Geschichte des viertorigen Bogenmonuments in der römischen Architektur (Münster 2003)
Müller 1839 = C. O. Müller, Antiquitates Antiochenae (Göttingen 1839)
Mundell Mango 1986 = M. Mundell Mango, Silver from Early Byzantium. The Kaper Koraon and Related Treasures (Baltimore 1986)
Mundell Mango 1995 = M. Mundell Mango, Artemis at Daphne, in: S. Efthymiadis – C. Rapp – D. Tsougarakis (Hrsg.), Bosphorus. Essays in Honour of Cyril Mango, ByzF 21, 1995, 263–282
Muth 1998 = S. Muth, Erleben von Raum – Leben im Raum. Zur Funktion mythologischer Mosaikbilder in der römisch-kaiserzeitlichen Wohnarchitektur, Archäologie und Geschichte 10 (Heidelberg 1998)

Muth 2007 = S. Muth, Das Manko der Statuen? Zum Wettstreit der bildlichen Ausstattung im spätantiken Wohnraum, in: F. A. Bauer – Ch. Witschel (Hrsg.), Statuen in der Spätantike, Spätantike, Frühes Christentum, Byzanz. Reihe B: Studien und Perspektiven 23 (Wiesbaden 2007) 341–355

Naccache 1992 = A. Naccache, Le décor des églises de villages d'Antiochène du IVe au VIIe siècle, Institut français d'archéologie du Proche-Orient, Bibliothèque archéologique et historique 144 (Paris 1992)

Najbjerg 2001 = T. Najbjerg, Antioch-on-the-Orontes, in: M. Padgett (Hrsg.), Roman Sculpture in the Art Museum Princeton University (Princeton 2001) 171–271

Nau 1912 = F. Nau, Jean Rufus, Éveque de Maiouma, Plérophories, Patrologia Orientalis 8, 1 (Paris 1912)

Nicolet u. a. 2000 = C. Nicolet – R. Ilbert – J.-C. Depaule (Hrsg.), Mégapoles méditerranéennes: Géographie urbaine rétrospective, Actes du colloque, Rome, 8–11 mai 1996, Collection de l'École Française de Rome 261 (Paris 2000)

Nielsen 1990 = I. Nielsen, Thermae et Balnea. The Architecture and Cultural History of Roman Public Baths I. II (Aarhus 1990)

Nielsen 1994 = I. Nielsen, Hellenistic Palaces. Tradition and Renewal, Studies in Hellenistic Civilization 5 (Aarhus 1994)

Nikšić 2011 = G. Nikšić, Diocletian's Palace – Design and Construction, in: Bülow – Zabehlicky 2011, 187–202

Noethlichs 2003 = K. L. Noethlichs, Baurecht und Religionspolitik: Vorchristlicher und christlicher Städtebau der römischen Kaiserzeit im Lichte weltlicher und kirchlicher Rechtsvorschriften, in: Brands – Severin 2003, 179–197

Norris 1990 = F. W. Norris, Antioch as a Religious Center I. Paganism Before Constantine, ANRW II 18, 4 (Berlin 1990) 2322–2379

Pack 1986 = E. Pack, Städte und Steuern in der Politik Julians. Untersuchungen zu den Quellen eines Kaiserbildes, Collection Latomus 194 (Brüssel 1986)

Pamir 2011 = H. Pamir, Hatay İli Antakya, Samandağı, Altınözü ve Yayladağı Yüzey Araştırmaları 2009, AST 28, 3 (Ankara 2011) 371–395

Pamir – Brands 2006 = H. Pamir – G. Brands, Asi Deltası ve Asi Vadisi Arkeoloji Projesi Antiocheia, Seleuceia Pieria ve Sabuniye Yüzey Araştırmaları 2004 Yılı Çalışmaları, in: AST 23, 2 (Ankara 2006) 89–102

Pamir – Brands 2007 = H. Pamir – G. Brands, Asi Deltası ve Asi Vadisi Arkeolojisi Projesi. Antakya ve Samanda Yüzey Araştırmaları 2005 – Archäologische Untersuchungen im Stadtgebiet von Antiochia am Orontes/Antakya 2005, AST 24, 2 (Ankara 2007) 397–418

Pamir u. a. 2008 = H. Pamir – G. Brands – F. Çevrici, Hatay İli, Antakya ve Samandağ Yüzey Araştırmaları 2006 – Archäologische Untersuchungen im Stadtgebiet von Antiochia am Orontes/Antakya 2006, AST 25, 3 (Ankara 2008) 393–410

Pamir u. a. 2009 = H. Pamir – G. Brands – S. Nishiyama, Hatay Yüzey Araştırmaları 2007: Antakya, Samandağ, Yayladaği ve Altınözü – Archäologische Untersuchungen im Stadtgebiet von Antiochia am Orontes/Antakya 2007, AST 26, 3 (Ankara 2009) 1–12

Petit 1955 = P. Petit, Libanius et la vie municipale à Antioche au IV siècle après J. C., Institut Français d'Archéologie de Beyrouth, Bibliothèque archéologique et historique 62 (Paris 1955)

Pinon 2004 = P. Pinon, Survivances et transformations dans la topographie d'Antioche après l'Antiquité, in: B. Cabouret – P.-L. Gatier – C. Saliou (Hrsg.), Antioche de Syrie: histoire, images et traces de la ville antique, Topoi Suppl. 5 (Paris 2004) 191–219

Poccardi 1994 = G. Poccardi, Antioche de Syrie. Pour un nouveau plan urbain de l'île de l'Oronte (Ville Neuve) du IIIe au Ve siècle, MEFRA 106, 1994, 993–1023

Poccardi 2001 = G. Poccardi, L'île d'Antioche à la fin de l'antiquité: histoire et problème de topographie urbaine, in: L. Lavan (Hrsg.), Recent Research in Late-Antique Urbanism, JRA Suppl. 42 (Portsmouth 2001) 155–172

Raeck 1992 = W. Raeck, Modernisierte Mythen. Zum Umgang der Spätantike mit klassischen Bildthemen (Stuttgart 1992)

Ridgway 1994 = B. S. Ridgway, Greek Sculpture in the Art Museum, Princeton University. Greek Originals, Roman Copies and Variants (Princeton 1994)

Rosen 2006 = K. Rosen, Julian. Kaiser, Gott und Christenhasser (Stuttgart 2006)

Saliou 2000 = C. Saliou, À propos de la ταυριανὴ πύλη: Remarques sur la localisation présumée de la Grande Église d'Antioche de Syrie, Syria 77, 2000, 217–226

Saliou 2009 = C. Saliou, Le palais impérial d'Antioche et son contexte à l'époque de Julien, AntTard 17, 2009, 235–250

Saliou 2013 = C. Saliou, La Porte des Chérubins à Antioche sur l'Oronte et le développement de la ville, Anatolia Antiqua 21, 2013, 125–133

Saliou 2015a = C. Saliou, Parole et religion à Antioche au IVe siècle. Un approche spatiale, Studi e Materiali di Storia delle Religioni 81, 2015, 90–104

Saliou 2015b = C. Saliou, Les lieux du polythéisme dans l'espace urbain et le paysage mémoriel d'Antioche-sur-l'Oronte, de Libanios à Malalas (IVe–VIe s.), in: A. Busine (Hrsg.), Religious Practices and Christianization of the Late Antique City (4th–7th cent.) (Leiden – Boston 2015) 38–70

Sartre 2000 = M. Sartre, Antioche: capitale royale, ville impériale, in: Nicolet u. a. 2000, 492–501

Schenck 1937 = E. C. Schenck, The Hermes Mosaic from Antioch, AJA 41, 1937, 388–396

Schneider 1999 = C. Schneider, Die Musengruppe von Milet, MilForsch 1 (Mainz 1999)

Seeck 1895 = RE II 1 (Stuttgart 1895) 610 s. v. Ardabur Nr. 3 (O. Seeck)

Sinclair 1990 = T. A. Sinclair, Eastern Turkey: An Architectural and Archaeological Survey I–IV (London 1990)

Sokolicek 2009 = A. Sokolicek, Diateichismata: Zu dem Phänomen innerer Befestigungsmauern im griechischen Städtebau, ÖJh Ergh. 11 (Wien 2009)

Speck 1987 = P. Speck, Die große Kirche von Antiochia, Poikila Byzantina 6 (Bonn 1987) 405–410

Stenger 2009 = J. Stenger, Hellenische Identität in der Spätantike. Pagane Autoren und ihr Unbehagen an der eigenen Zeit, Untersuchungen zur antiken Literatur und Geschichte 97 (Berlin 2009)

Stillwell 1961 = R. Stillwell, Houses of Antioch, DOP 15, 1961, 45–57

Stirling 2005 = L. M. Stirling, The Learned Collector. Mythological Statuettes and Classical Taste in Late Antique Gaul (Ann Arbor 2005)

Todt 2013 = K.-P. Todt, Sportkrawalle im frühen Byzanz (5.–7. Jh.), Thetis 20, 2013, 163–187

Todt – Vest 2015 = K.-P. Todt – B. A. Vest, Syria (Syria Prōtē, Syria Deutera, Syria Euphratēsia), TIB 15 (Wien 2014)

Vorderstrasse 2005 = T. Vorderstrasse, Al-Mina. A Port of Antioch from Late Antiquity to the End of the Ottomans, Uitgaven van het Nederlands Instituut vor de Nabije Oosten 104 (Leiden 2005)

Vorster 2012/2013 = Ch. Vorster, Spätantike Bildhauerwerkstätten in Rom. Beobachtungen zur Idealskulptur der nachkonstantinischen Zeit, JdI 127/128, 2012/2013, 393–497

Ward-Perkins 2000 = B. Ward-Perkins, Land, Labour and Settlement, in: A. Cameron – B. Ward-Perkins – M. Whitby (Hrsg.), Late Antiquity: Empire and Successors, A.D. 425–600, The Cambridge Ancient History 14 (Cambridge 2000) 315–345

Weir 2001 = R. G. A. Weir, Antiochene Grave Stelai in Princeton, in: M. Padgett (Hrsg.), Roman Sculpture in the Art Museum Princeton University (Princeton 2001) 274–310

Weis 1973 = B. K. Weis (Hrsg.), Julian. Briefe, Griechisch-Deutsch (München 1973)

Whitby 2000 = M. Whitby, The Ecclesiastical History of Evagrius Scholasticus, Translated Texts for Historians 33 (Liverpool 2000)

Wickham 2007 = Ch. Wickham, Framing the Early Middle Ages. Europe and the Mediterranean, 400–800 (Oxford 2007)

Wiemer 1995 = H.-U. Wiemer, Libanios und Julian. Studien zum Verhältnis von Rhetorik und Politik im vierten Jahrhundert n. Chr., Vestigia 46 (München 1995)

Wiemer 2003 = H.-U. Wiemer, Vergangenheit und Gegenwart im Antiochikos des Libanios, Klio 85, 2003, 442–468

Wilber 1938 = D. N. Wilber, The Plateau of Daphne. The Springs and the Water System Leading to Antioch, in: Antioch II 49–56

Will 1997 = E. Will, Antioche sur l'Oronte, métropole de l'Asie, Syria 74, 1997, 99–113

Will 2000 = E. Will, Antioche, la métropole de l'Asie, in: Nicolet u. a. 2000, 482–491

Willers 1996 = D. Willers, Das Ende der antiken Idealstatue, MusHelv 53, 1996, 170–186

Wilson 2011 = R. J. A. Wilson, The Fourth-century Villa at Piazza Armerina (Sicily) in its Wider Imperial Context: a Review of Some Aspects of Recent Research, in: Bülow – Zabehlicky 2011, 55–87

Zambon u. a. 2009 = M. G. Zambon – D. Bertogli – O. Granella (Hrsg.), Antioch on the Orontes. „Where the Disciples where first called Christians …" (Parma 2009)

Abbildungsnachweis

1 Downey 1961, Taf. 11 (überarbeitete Version des ursprünglichen Plans von Morey 1938, 17)
2 U. Weferling (2010/2015)
3 U. Weferling (2010/2015). Grundlage: Satellitenbild Quickbird 2003
4 U. Weferling (2015)
5 Ćurčić 1993, 80 Abb. 3
6 Ćurčić 1993, 87 Abb. 14
7 Princeton University, Department of Art and Archaeology, Antioch Expedition Archives, ohne Inv. Nr.
8 Princeton University, Department of Art and Archaeology, Antioch Expedition Archives 5675
9 N. Wetzig (2011)
10 a Princeton University, Department of Art and Archaeology, Antioch Expedition Archives 4162
b Antioch V, 113 Plan 64
11 U. Weferling (2015)
12 I. Oberhollenzer (2014)
13 www.skyscrapercity.com/showthread.php?t=1465141
14 Cassas 1798, Taf. 7
15 Princeton University, Department of Art and Archaeology, Antioch Expedition Archives 2585
16 Princeton University, Department of Art and Archaeology, Antioch Expedition Archives, ohne Inv. Nr.
17 U. Weferling (2010/2015)
18 B. Grimm (2006)
19 Cassas 1798, Taf. 3
20 Princeton University, Department of Art and Archaeology, Antioch Expedition Archives 1602
21 Cassas 1798, Taf. 5
22 Princeton University, Department of Art and Archaeology, Antioch Expedition Archives 1918
23 G. Brands (2008)
24 G. Brands (2006)
25 G. Tchalenko, Églises de Village de la Syrie du Nord (Paris 1979) 351 Abb. 547
26 J. Stanton-Abbott, Boston
27 G. Tchalenko, Églises de Village de la Syrie du Nord (Paris 1979) 293 Abb. 478
28 a Levi 1947, 324 Abb. 136
b Princeton University, Department of Art and Archaeology, Antioch Expedition Archives 5650
29 Inst. Neg. DAI Istanbul R 28.741, R 28.745 (D. Johannes 1994)
30 a Inst. Neg. DAI Istanbul R 33.726 (D. Johannes 1999)
b Princeton University, Department of Art and Archaeology, Antioch Expedition Archives 4867
31 M. Bergmann

Abbildungen

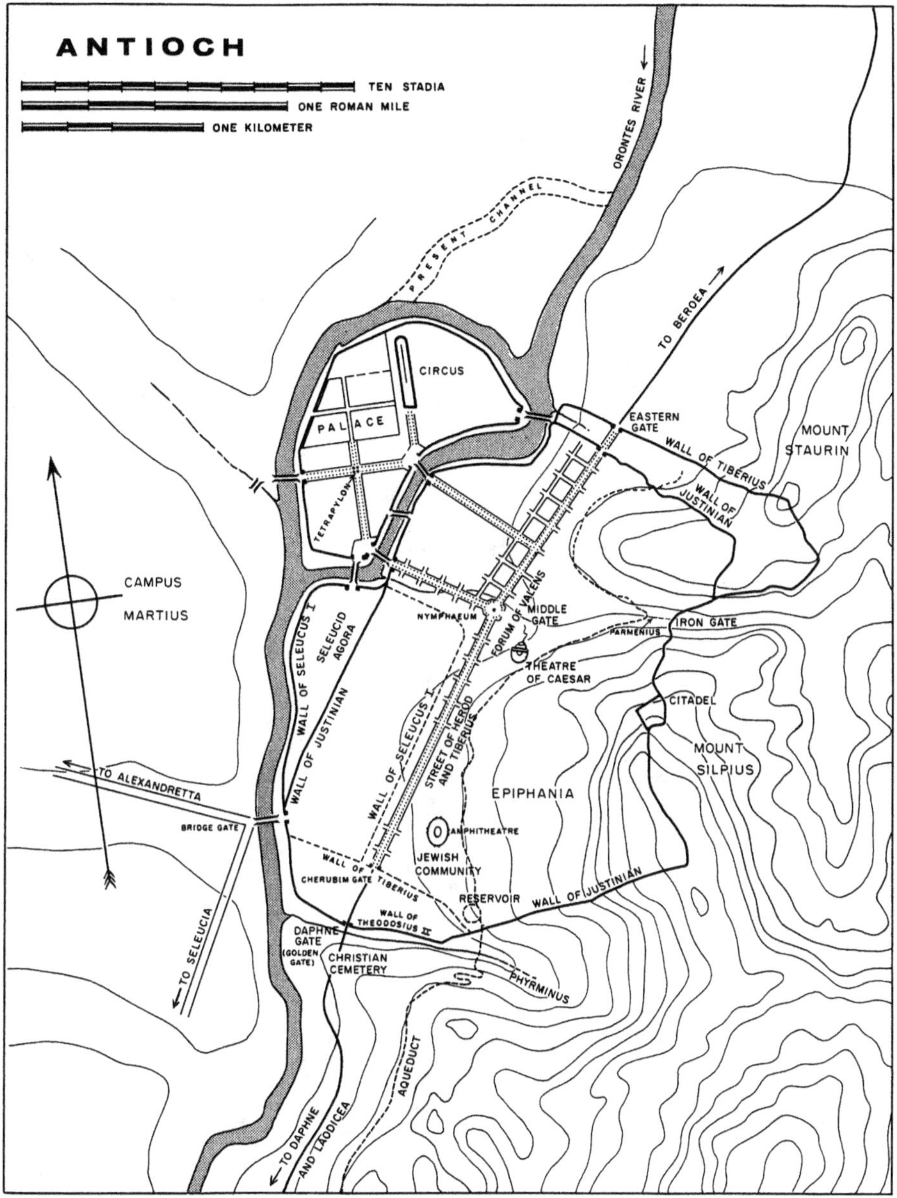

1 Antiochia, Stadtplan (nach Downey)

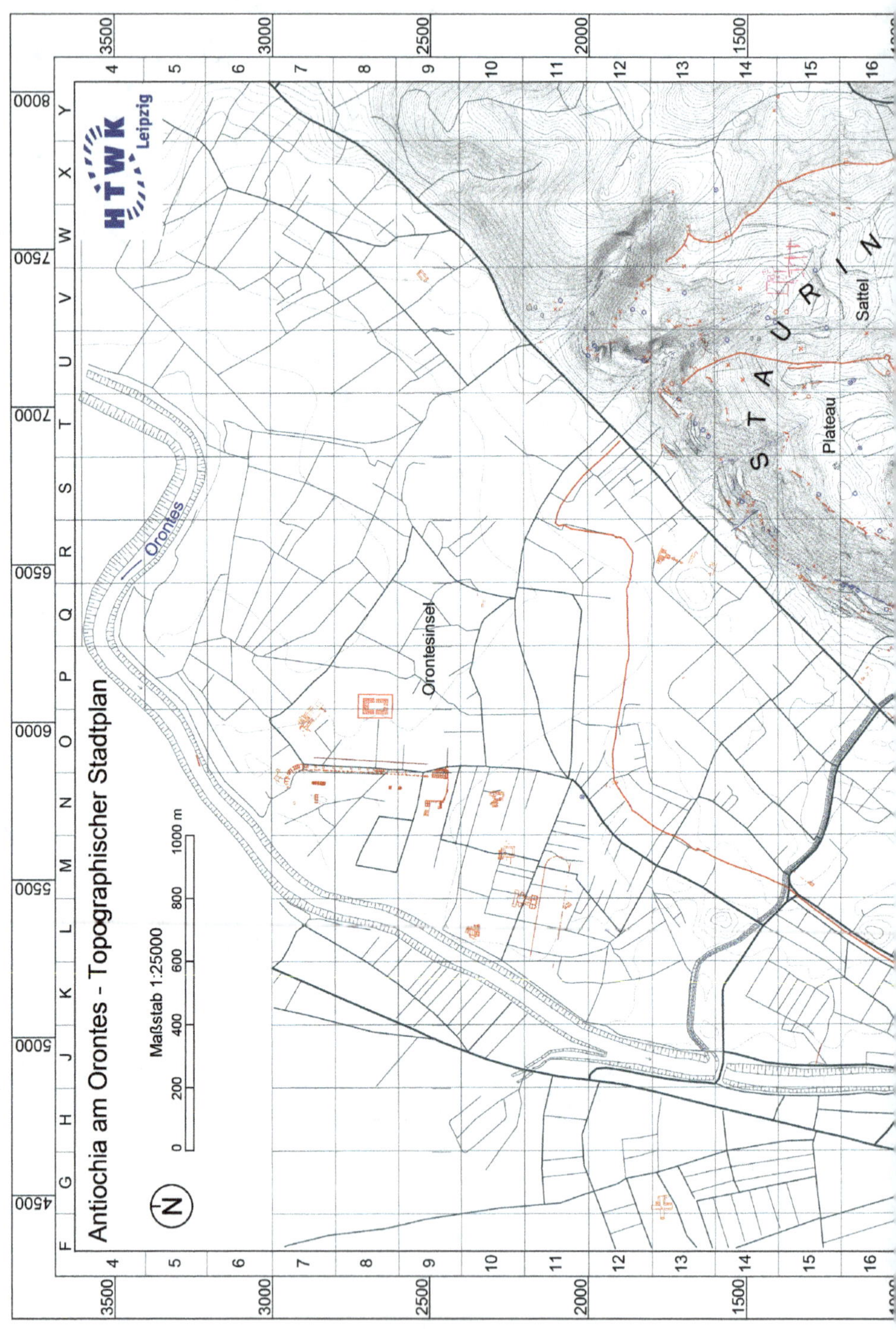
Antiochia am Orontes - Topographischer Stadtplan
Maßstab 1:25000
0 200 400 600 800 1000 m
HTWK Leipzig
Orontes
Orontesinsel
S T A U R I N
Plateau
Sattel

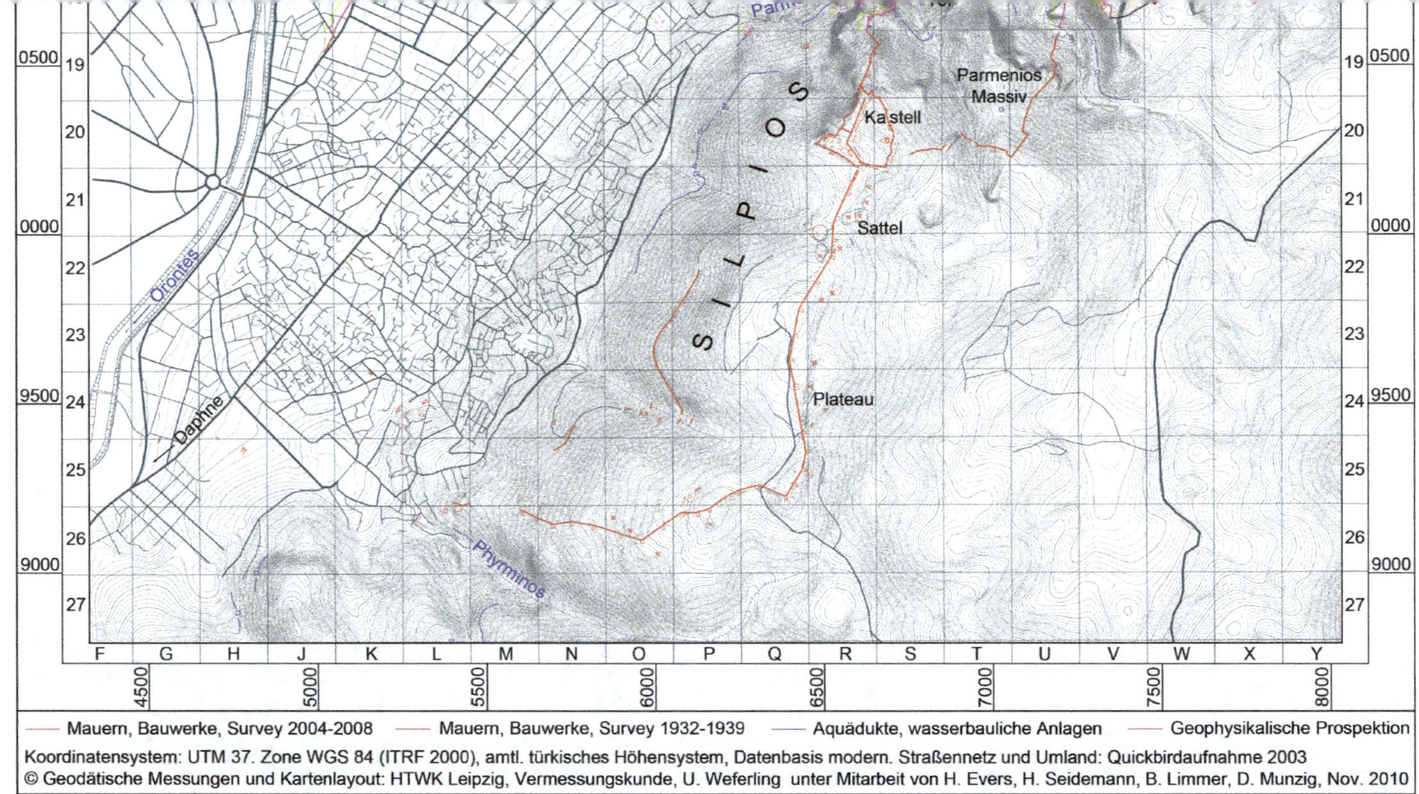

2 Antiochia, Topographischer Stadtplan. Verkleinerte Darstellung, Originalmaßstab 1:5.000

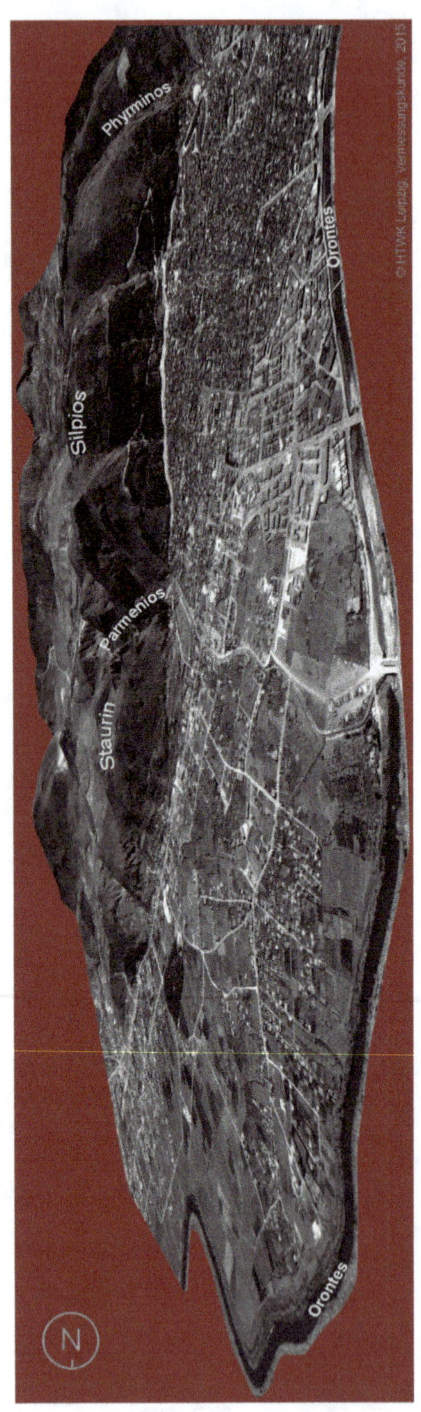

3 Antiochia, 3D-Satellitenbildperspektive

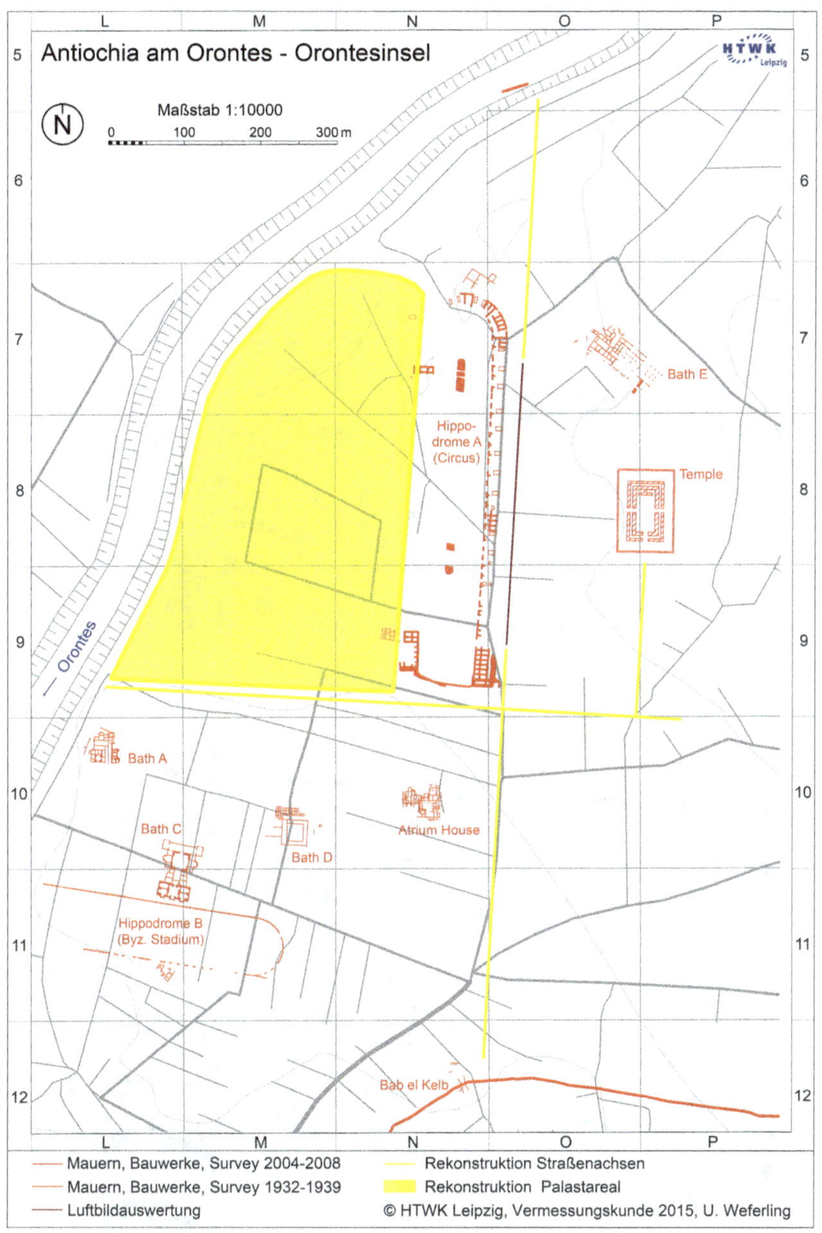

4 Antiochia, Topographischer Stadtplan, Ausschnitt (‚Insel'), M 1:10.000, Alternativer Zugang zum Palast von Osten

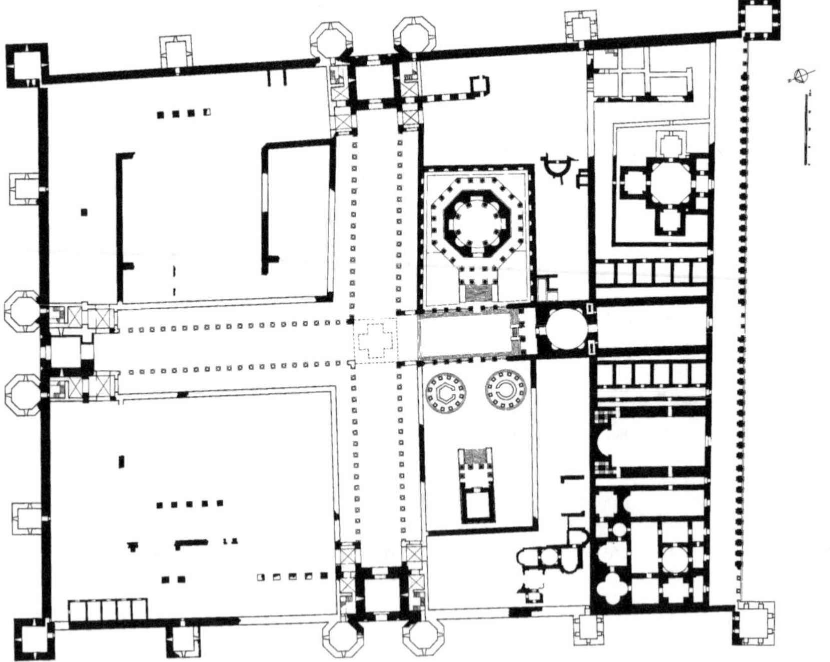

5 Spalato, Diokletianspalast, Grundriss

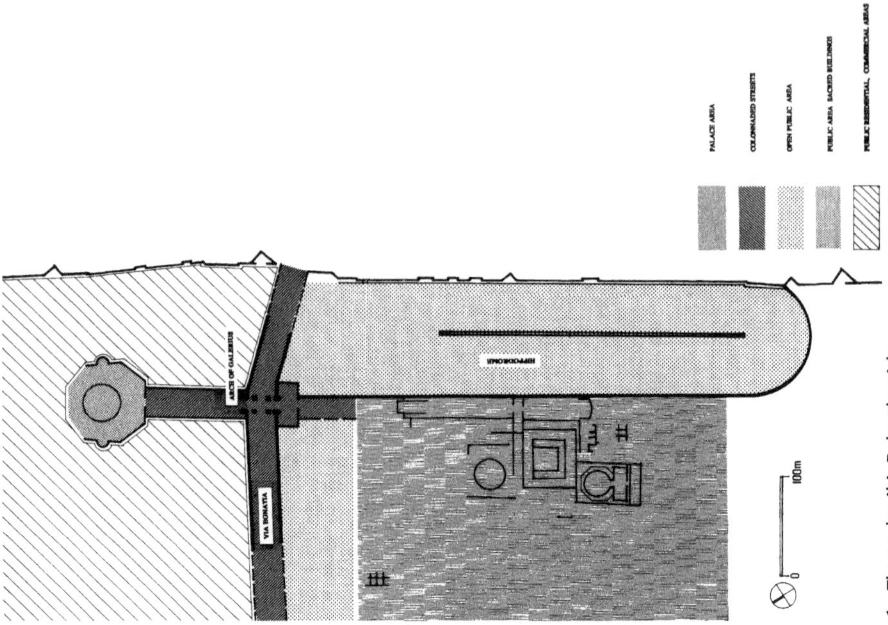

6 Thessaloniki, Palastbezirk

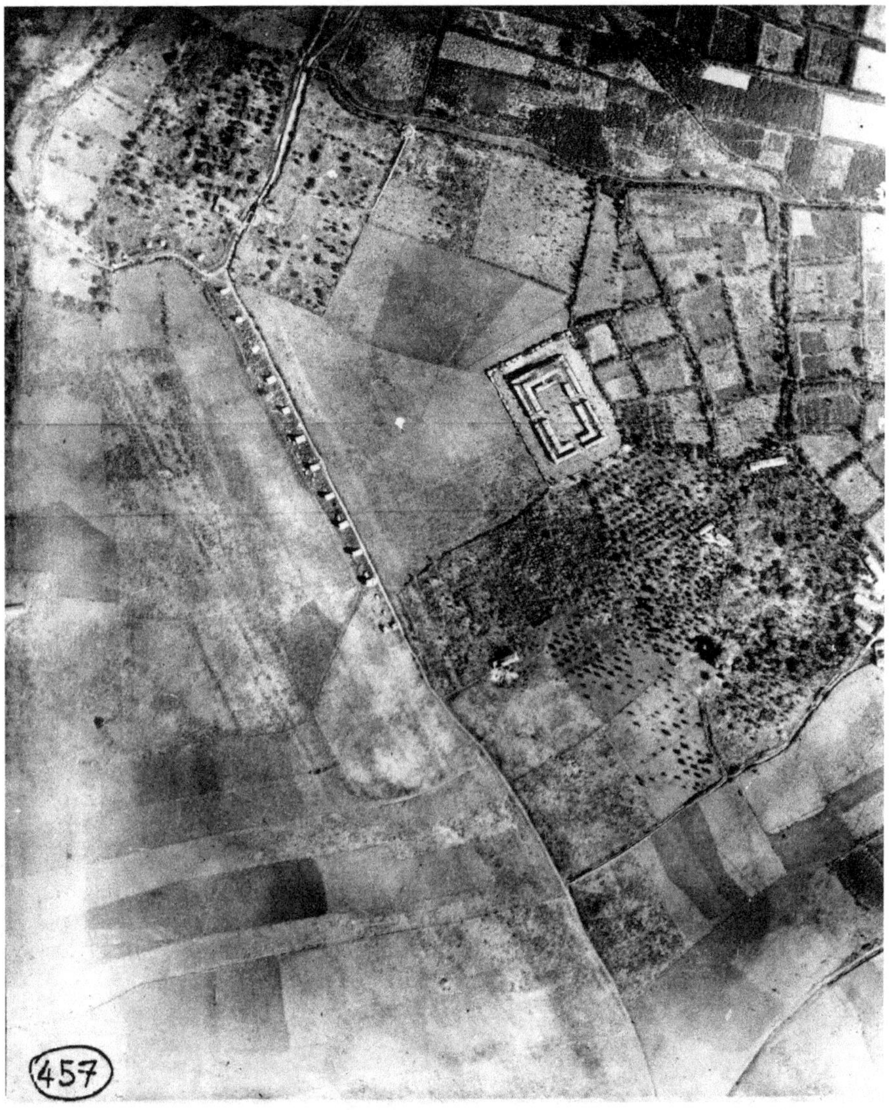

7 Antiochia, Hippodrom und Podiumtempel in einer Luftaufnahme von 1932

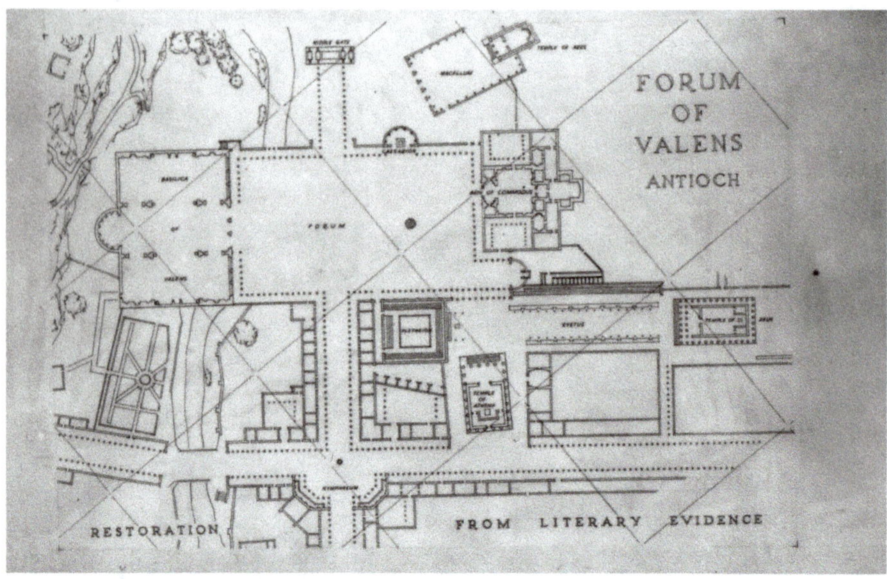

8 Antiochia, Rekonstruktion des Valensforums nach den Schriftquellen (1930er-Jahre). Unbekannter Zeichner

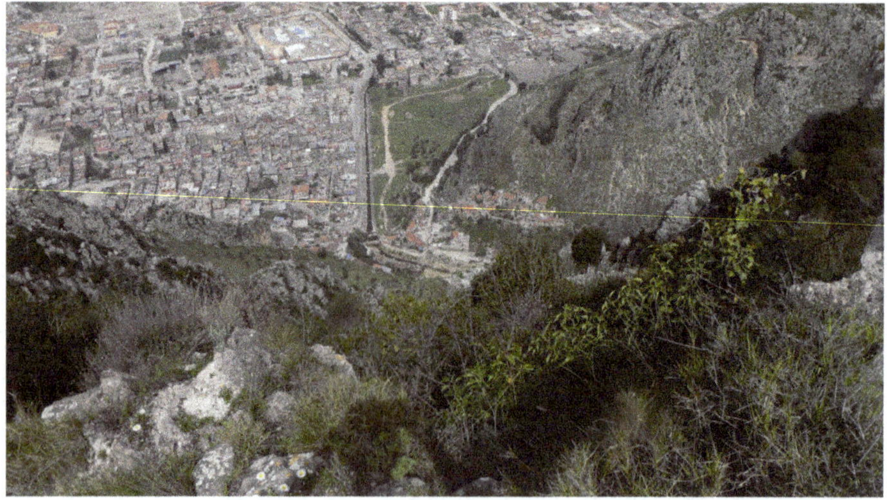

9 Antiochia, Blick vom Silpioshang auf das antike Stadtzentrum im Bereich des Valensforums

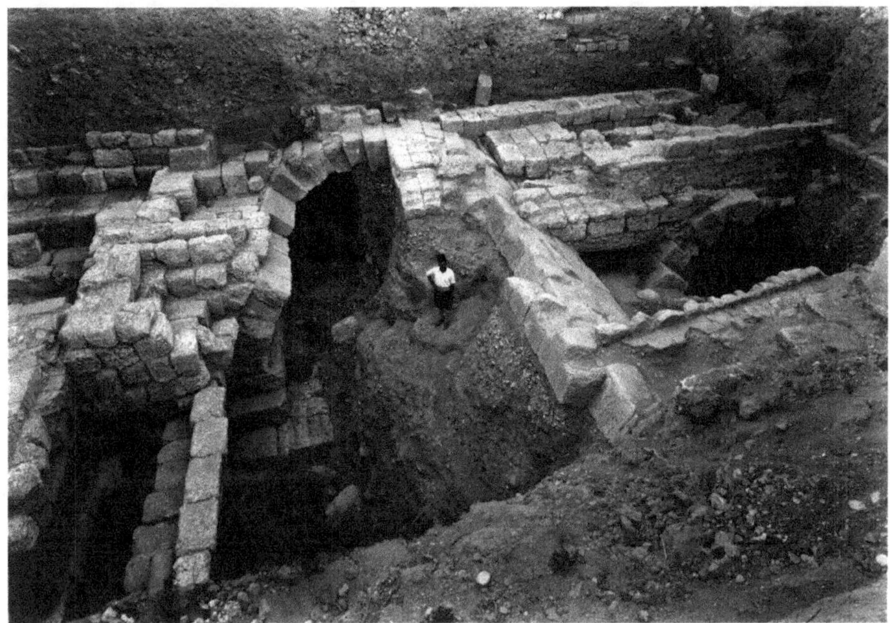

a Ansicht

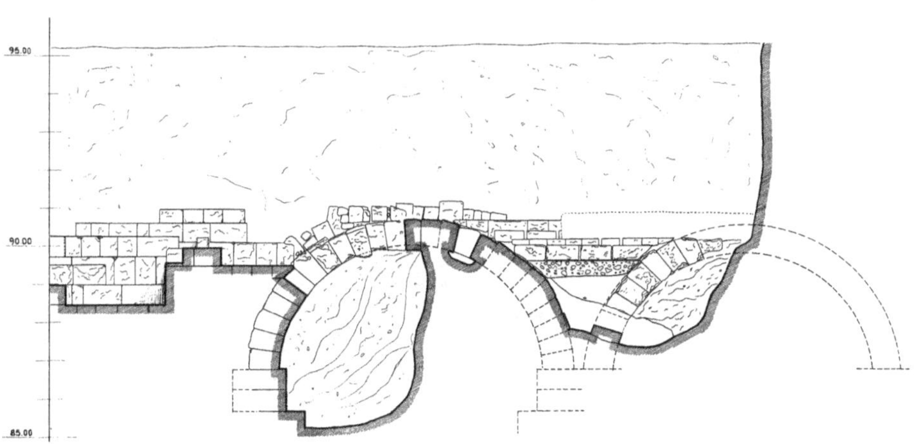

b Bauaufnahme

10 Antiochia, Doppelkanalleitung im Sektor 16-O

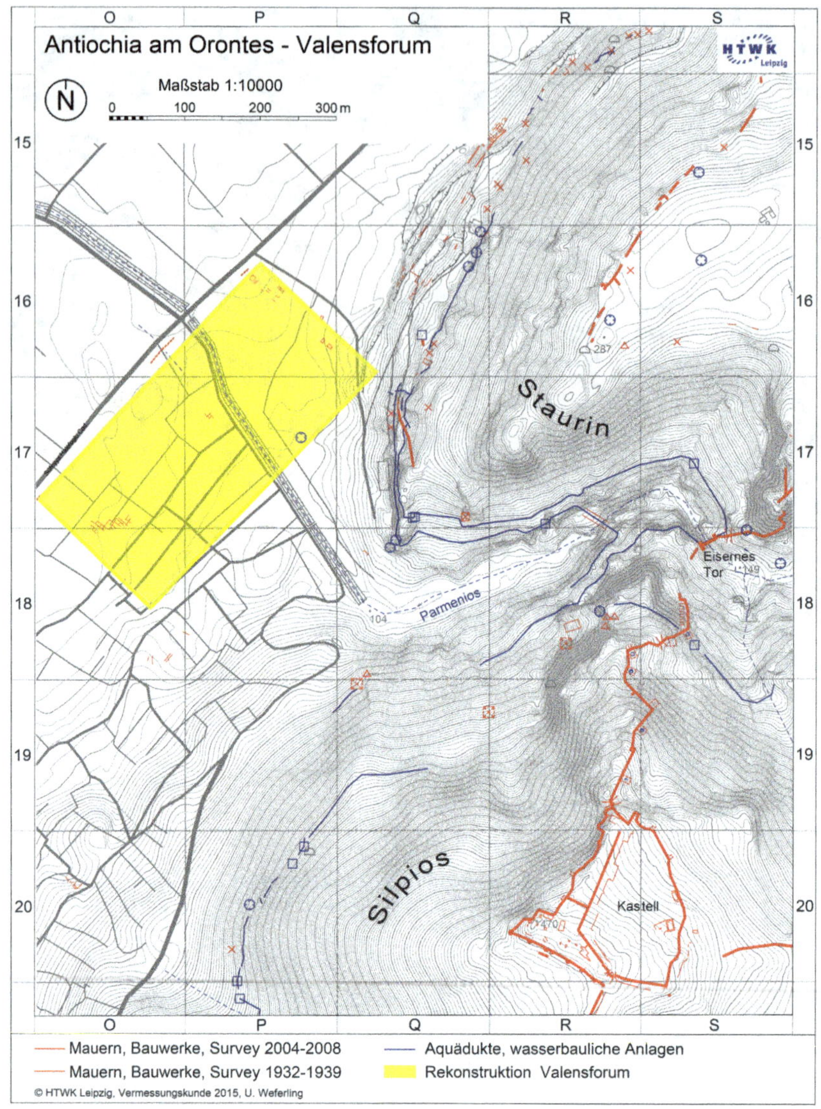

11 Antiochia, Topographischer Stadtplan, Ausschnitt. Lage des Valensforums, M 1:10.000

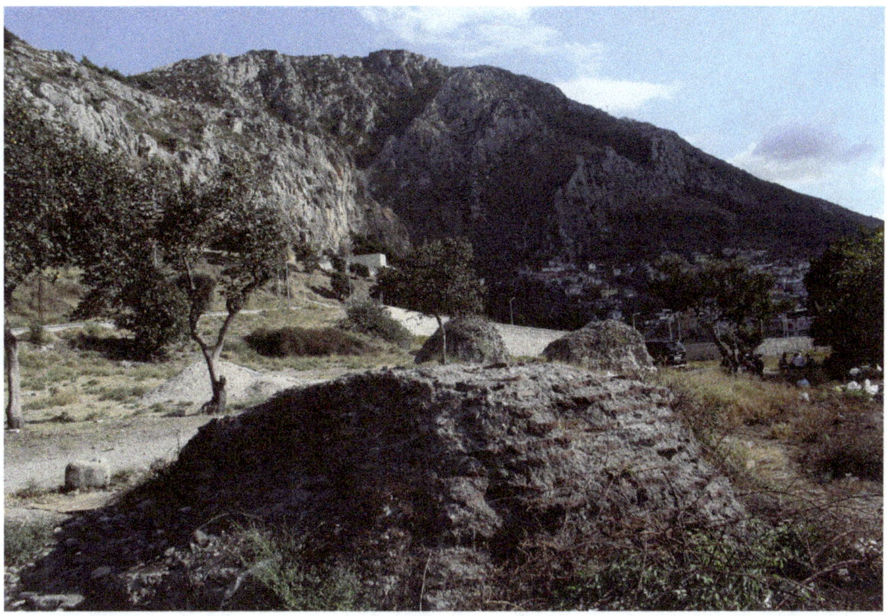

12 Antiochia, Ziegel- und *opus-caementicium*-Pfeiler am Nordrand des Valensforums

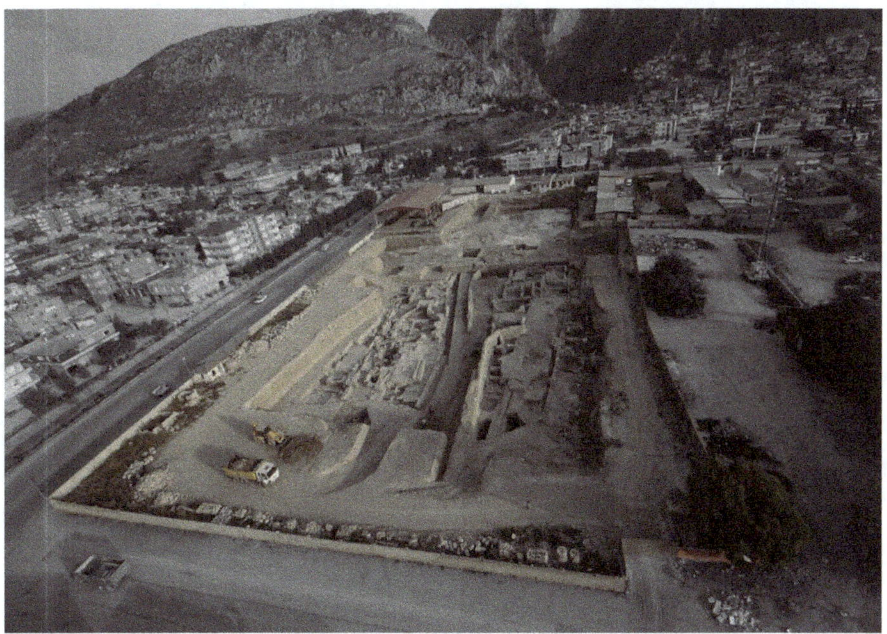

13 Antiochia, Ausgrabungen im Stadtzentrum (Sektor 16-O)

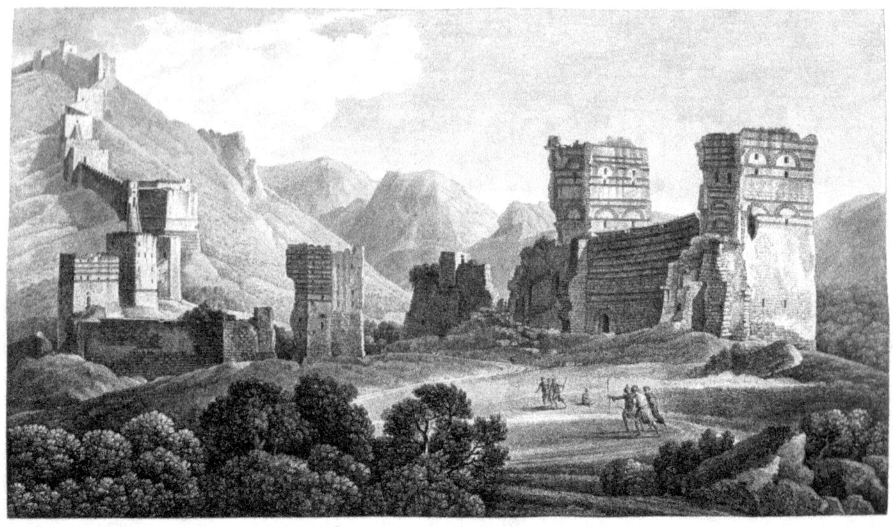

14 Antiochia, Südmauer, Radierung (nach Louis-François Cassas)

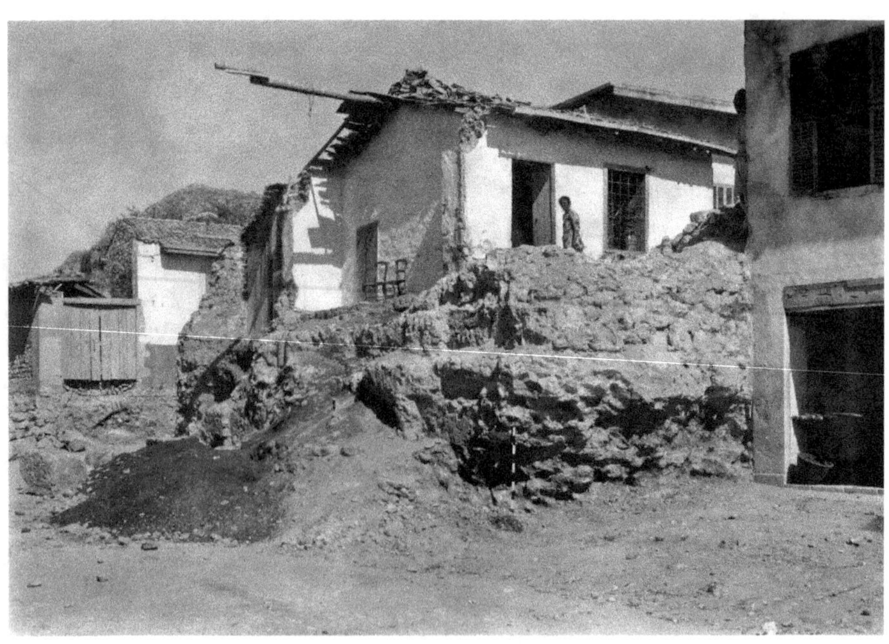

15 Antiochia, Reste der Südmauer vor dem Abriss (um 1932)

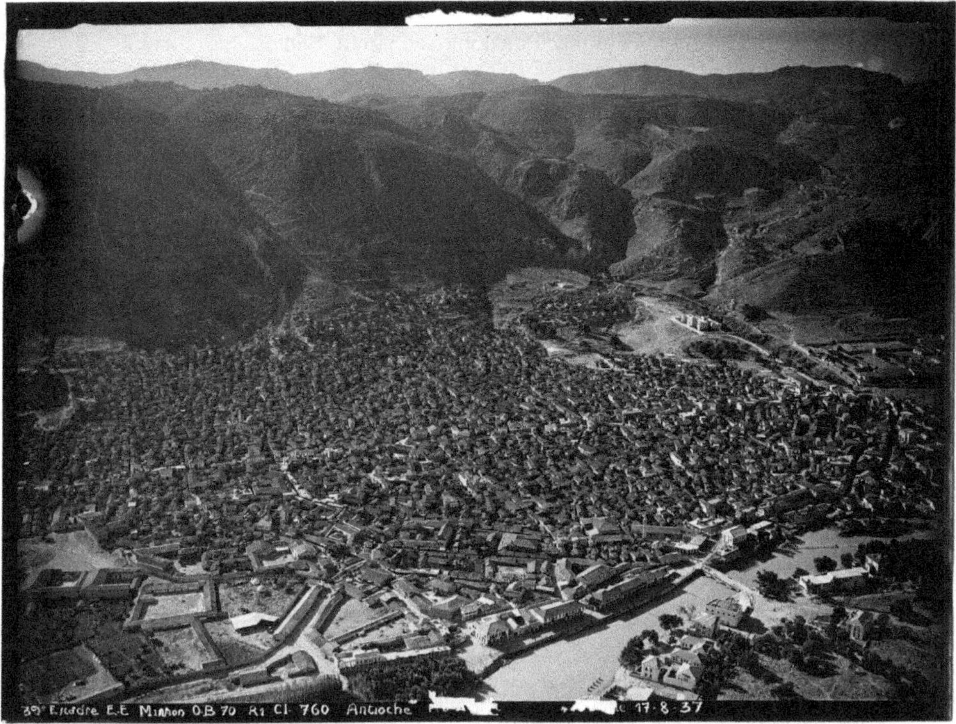

16 Antakya, Luftaufnahme der osmanischen Altstadt (1937). Blick auf das Areal der theodosianischen Südstadterweiterung. Am rechten Bildrand die Phyrminosschlucht, an deren Nordflanke die Stadtmauer verlief. Den Orontes am unteren Bildrand überspannt die heute zerstörte römische Brücke.

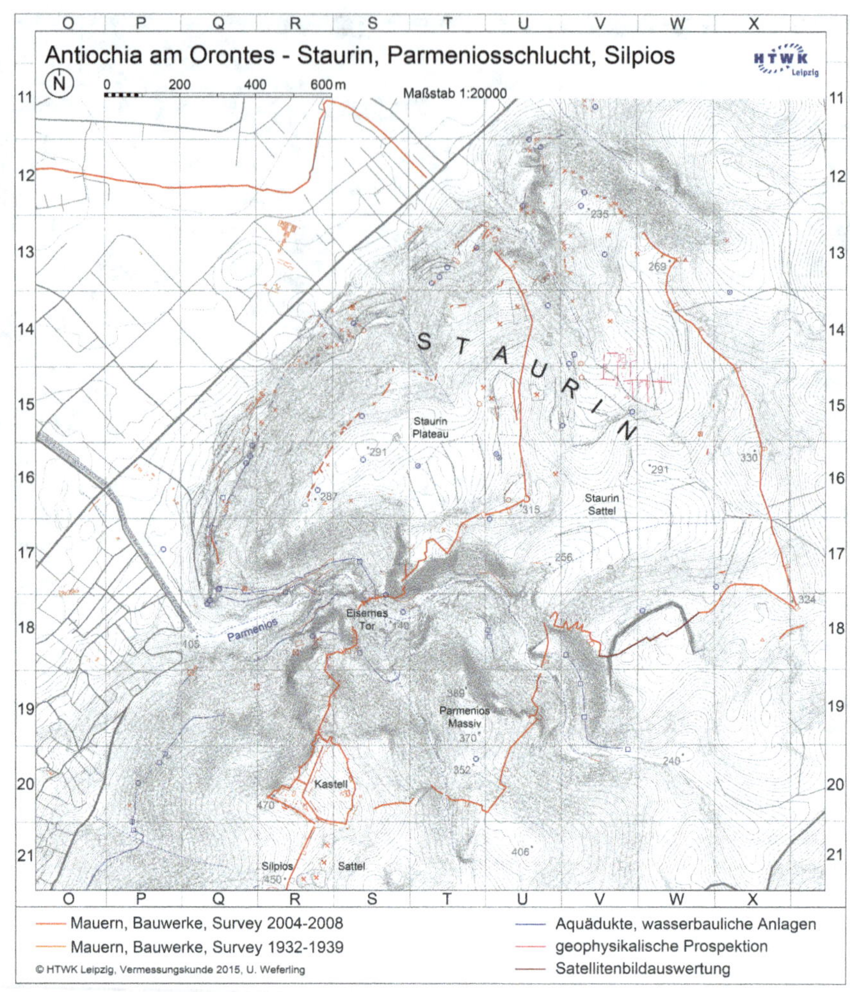

17 Antiochia, Topographischer Stadtplan, Ausschnitt. Staurin, Parmeniosschlucht und Silpios, M 1:20.000

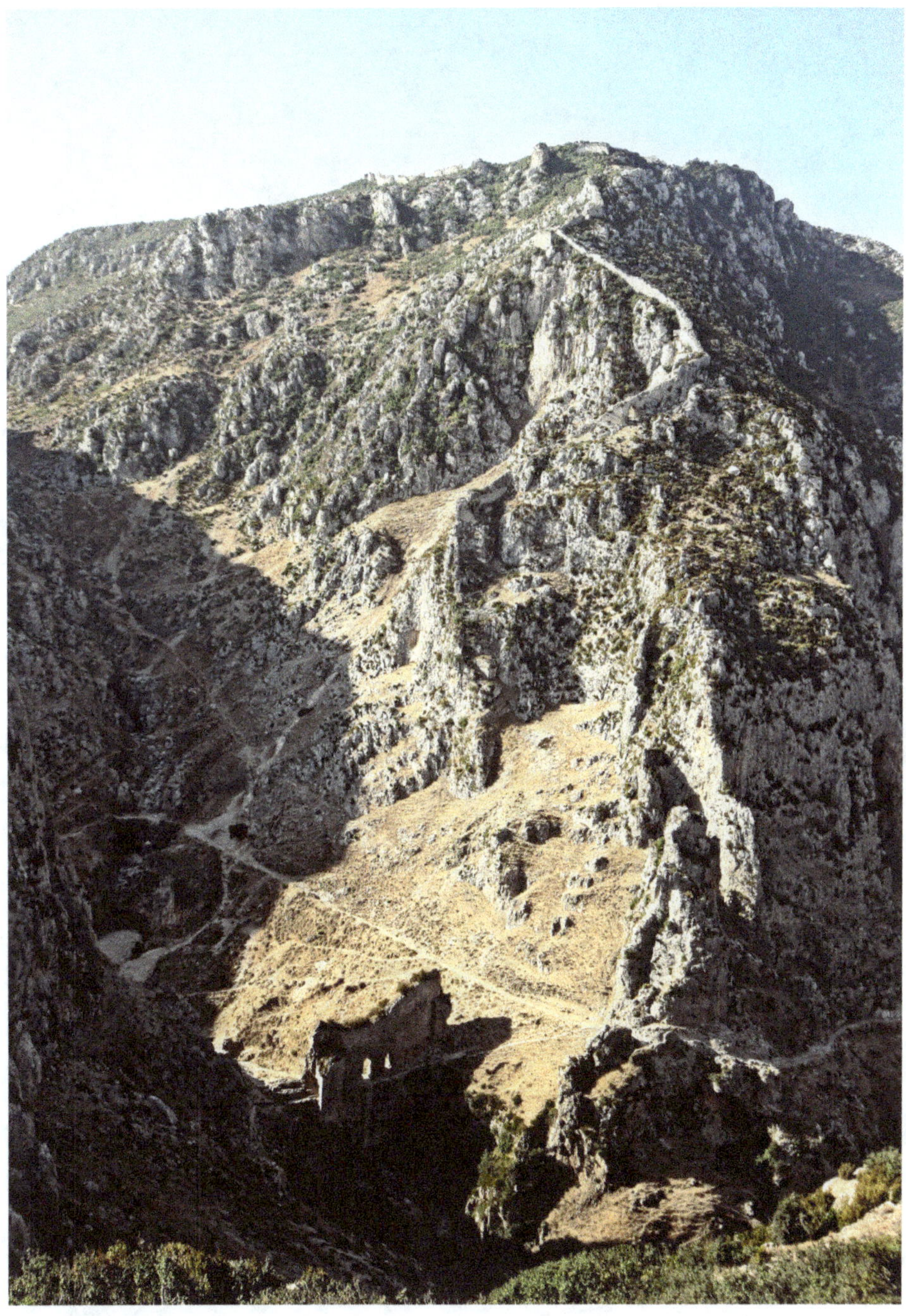

18 Antiochia, Kastell, Nordmauer am Silpioshang und ‚Eisernes Tor'

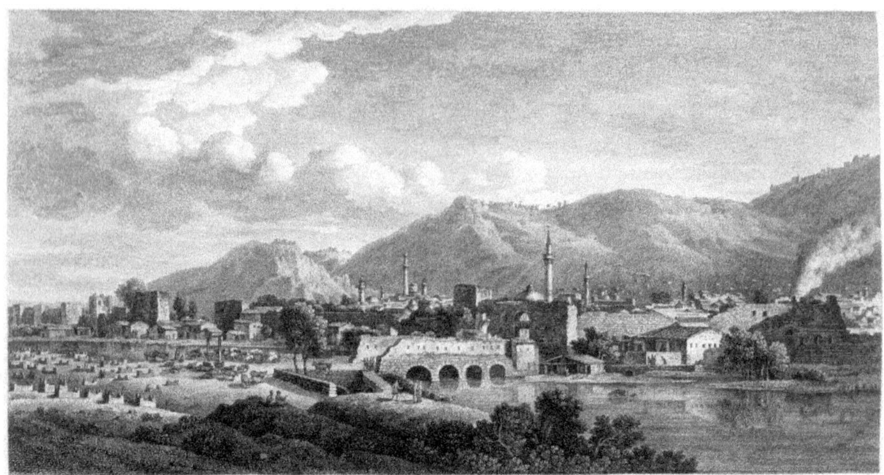

19 Antiochia, Stadtansicht von der Orontesseite, Radierung (nach Louis-François Cassas)

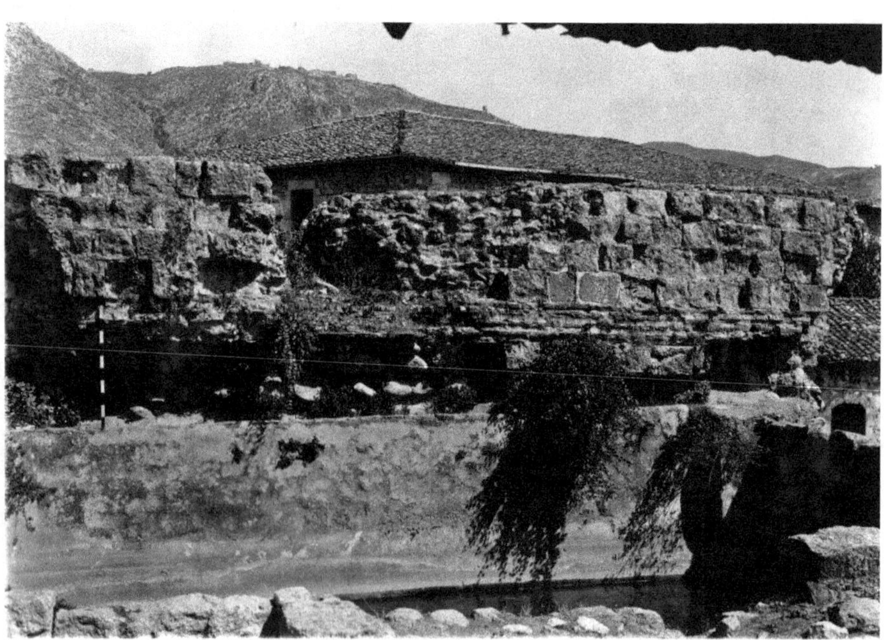

20 Antiochia, Reste der justinianischen Mauer in der Ebene (um 1932)

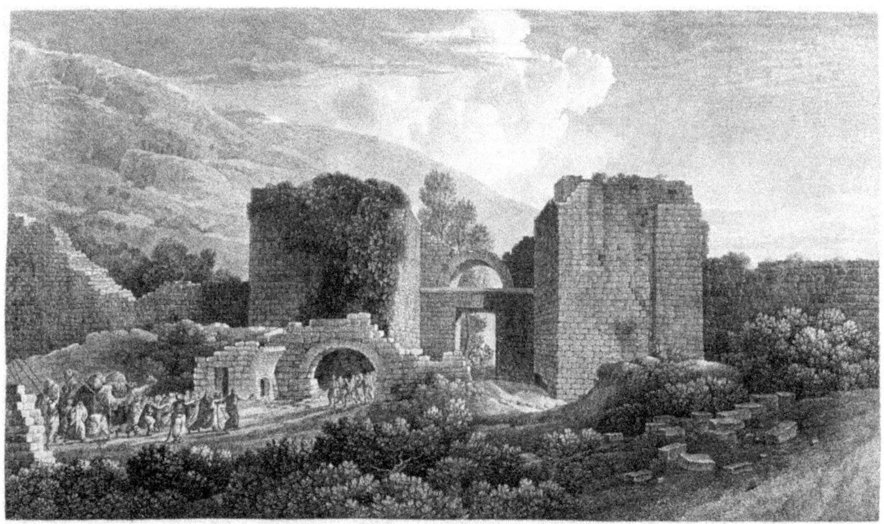

21 Antiochia, Feldseitige Ansicht des sogenannten Paulstores, Radierung (nach Louis-François Cassas)

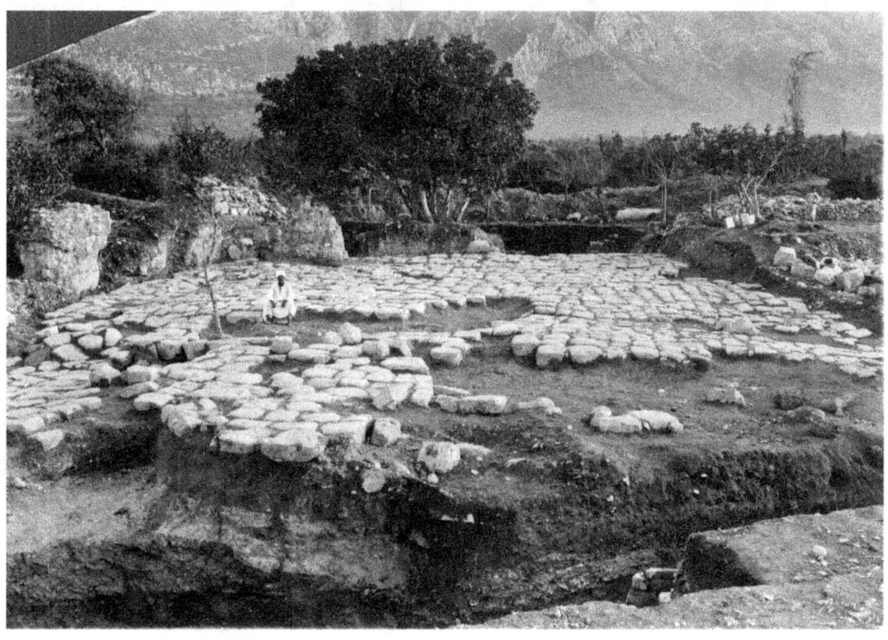

22 Antiochia, ‚Bab el-Kelb', Ausgrabung 1934

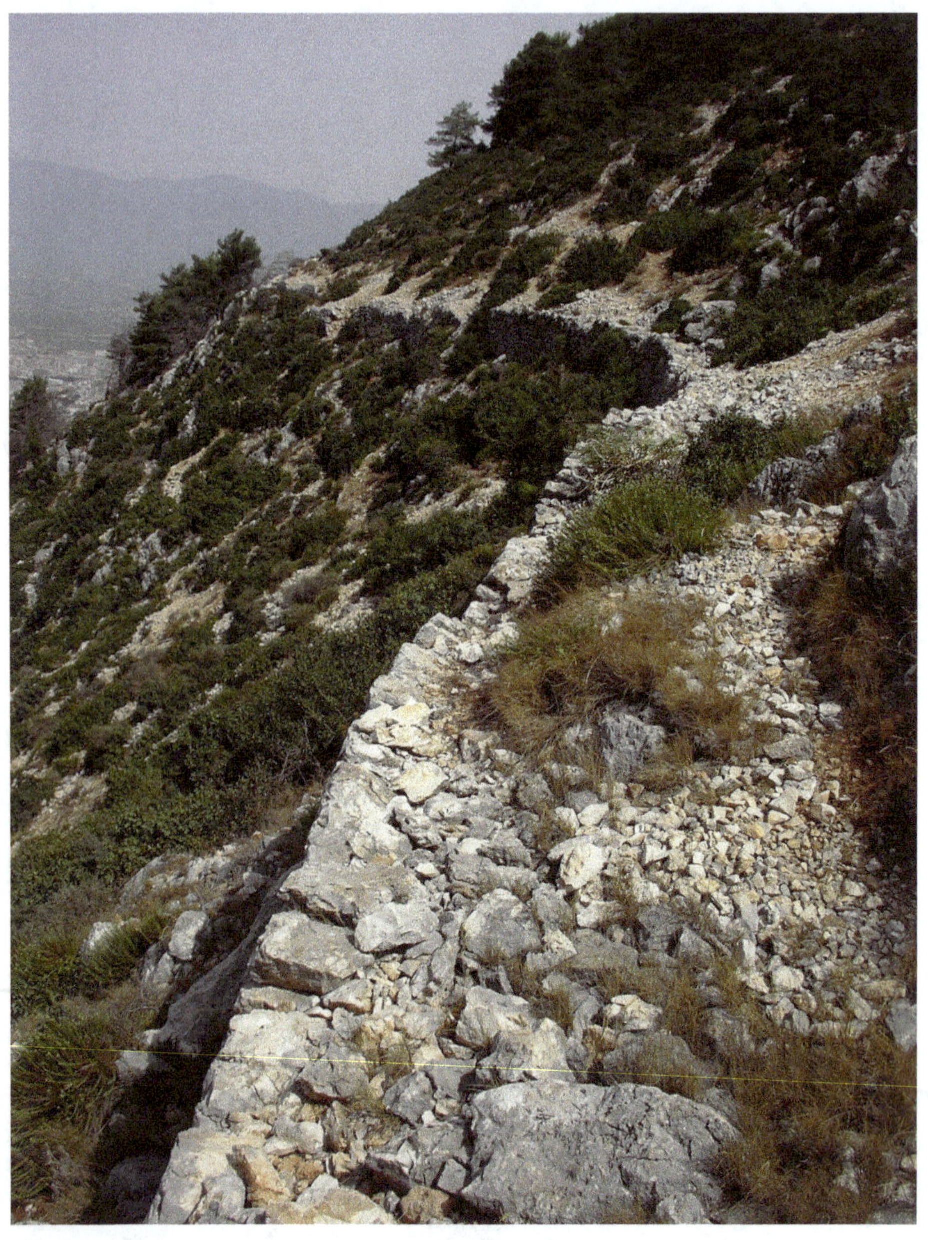

23 Antiochia, Silpioshang, Böschungsmauer mit Wegtrasse

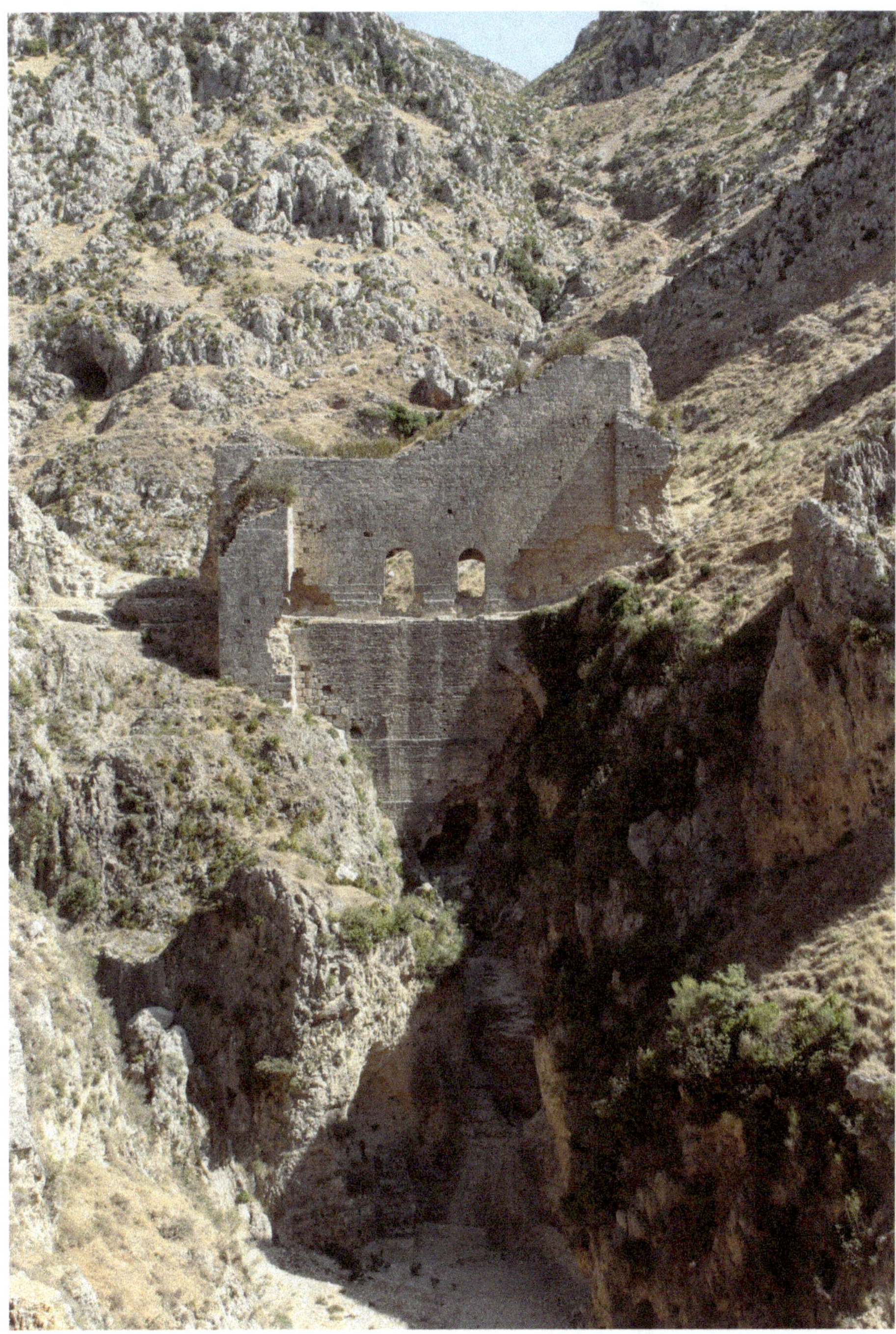

24 Antiochia, ‚Eisernes Tor', Ansicht der Stadtseite

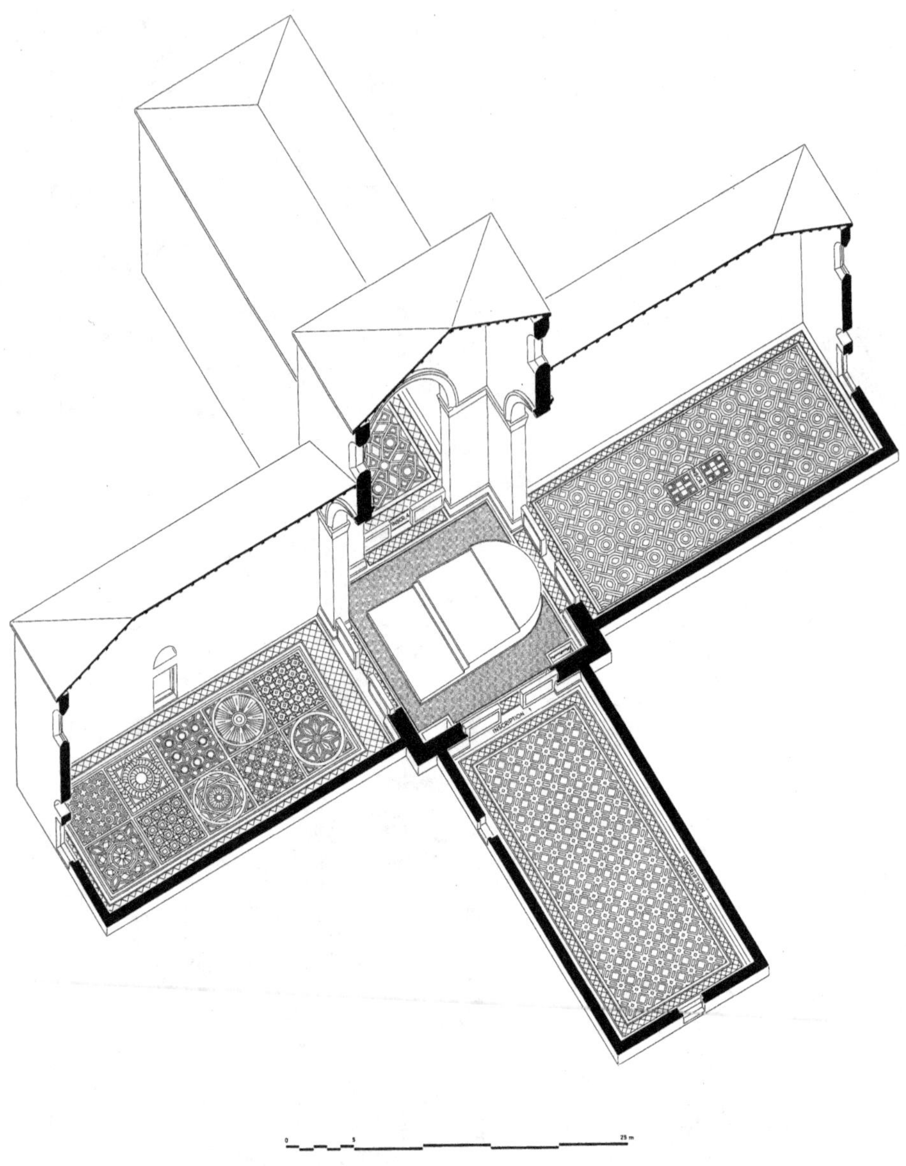

25 Antiochia, Kirche von Qaussiye, Isometrie

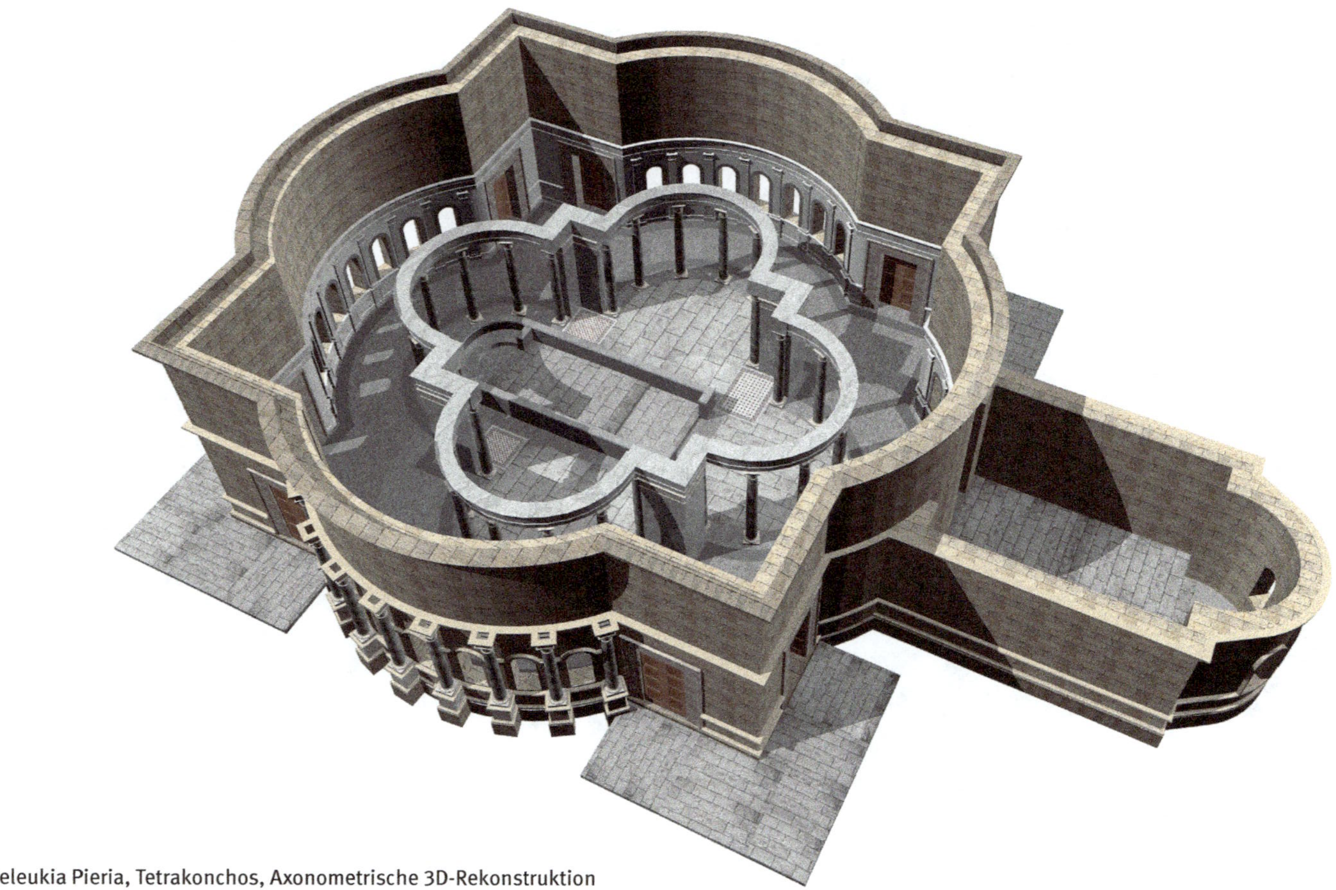

26 Seleukia Pieria, Tetrakonchos, Axonometrische 3D-Rekonstruktion

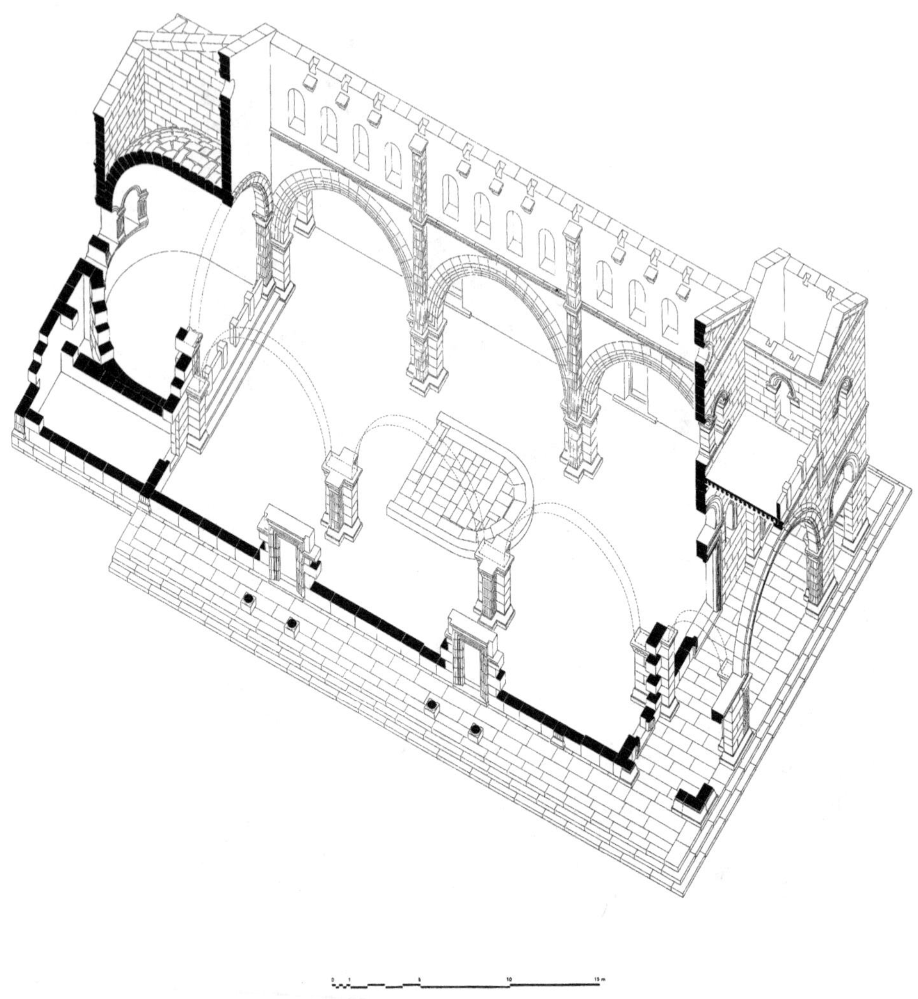

27 Ruwaiḥa, Bizzoskirche

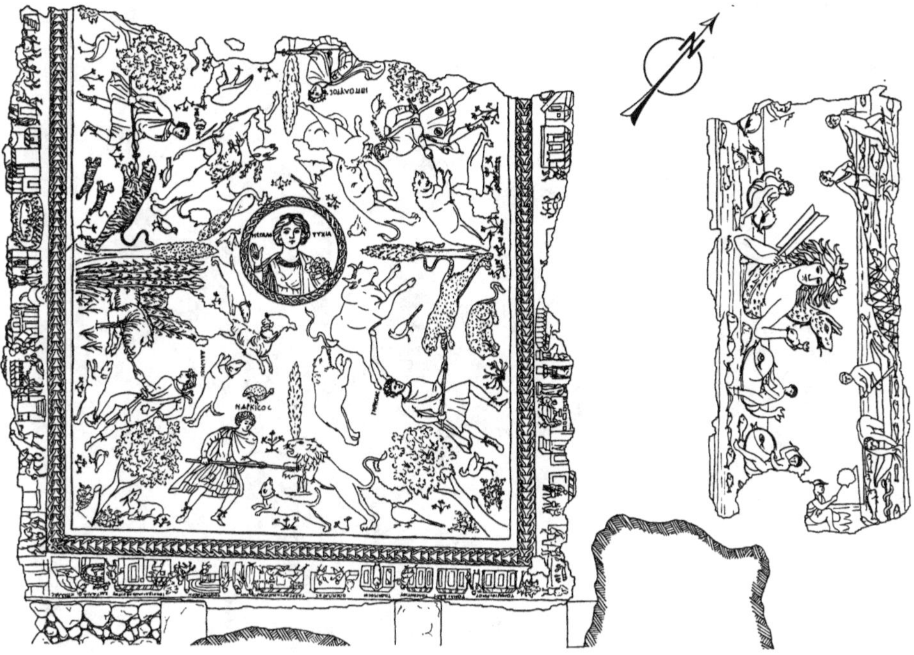

a Gesamtplan (M. Bardin)

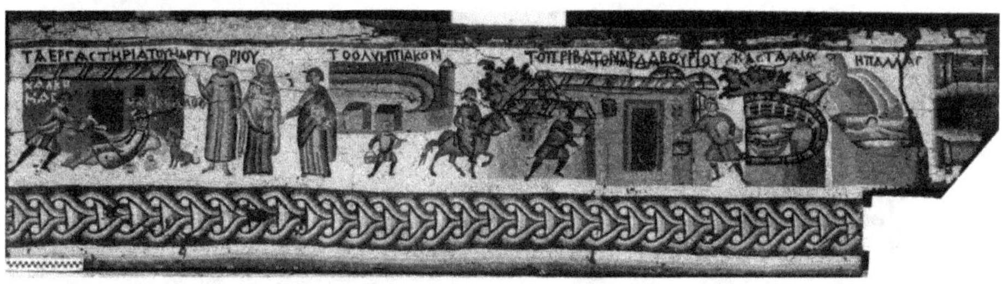

b Topographischer Rahmen, Ausschnitt

28 Daphne/Harbiye, ‚Yakto-Complex', Megalopsychia-Mosaik

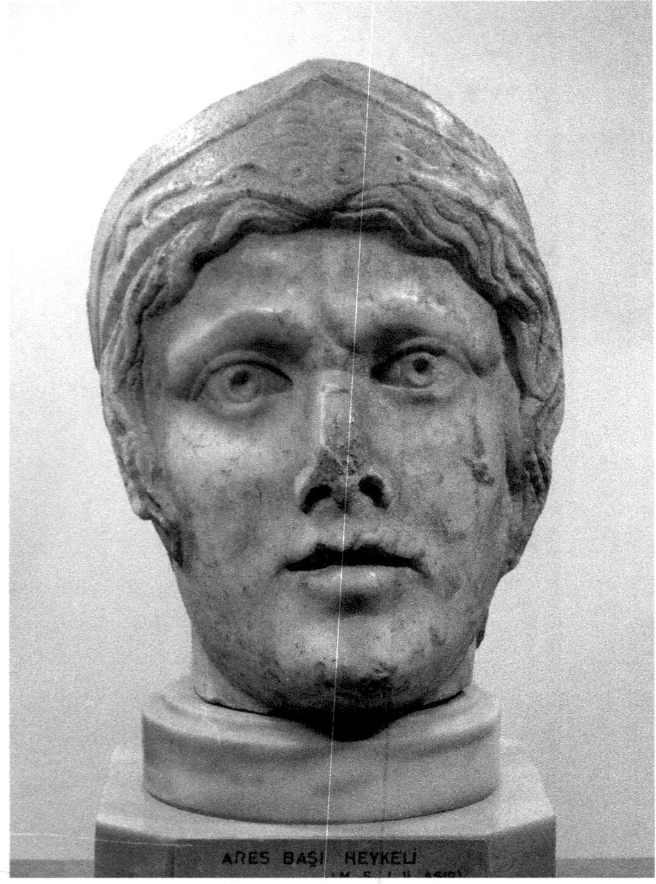

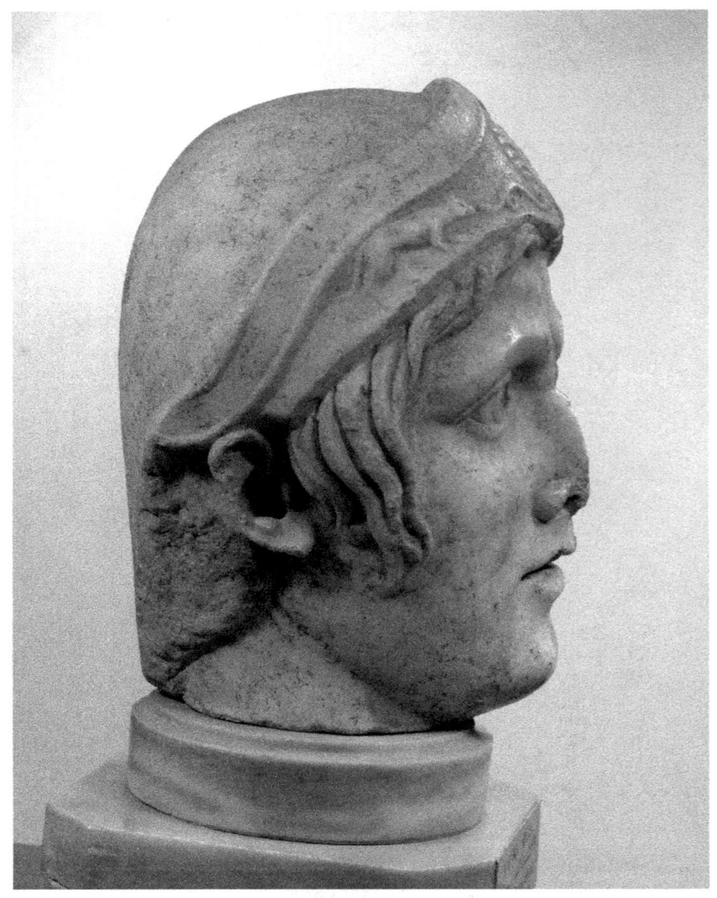

29 Antakya, Hatay Arkeoloji Müzesi, ohne Inv. Nr., Kopf im Typus des Ares Borghese

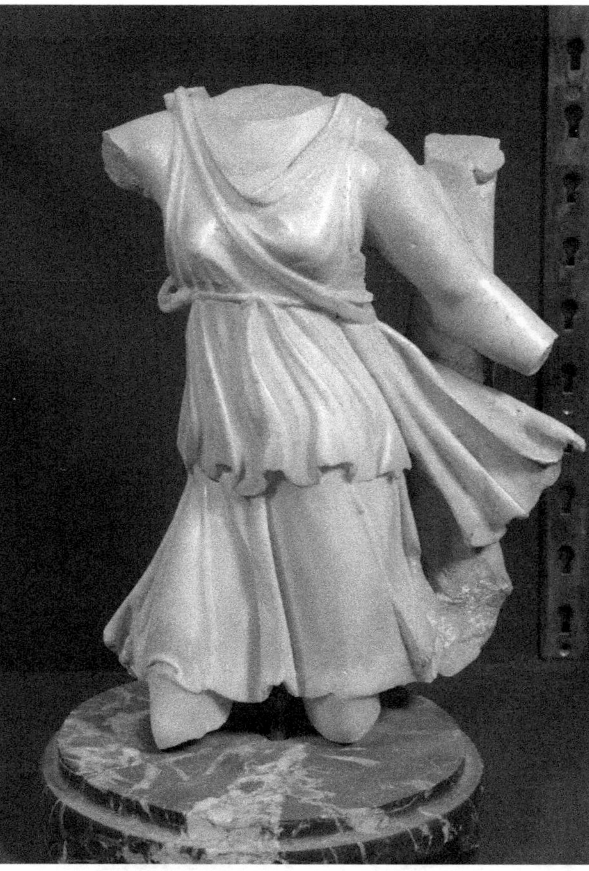

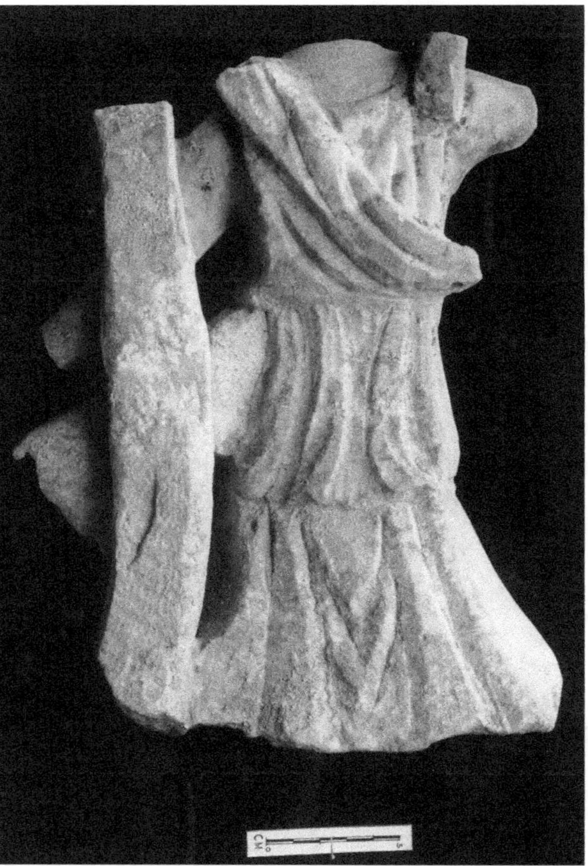

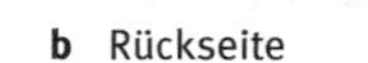

a Vorderansicht b Rückseite

30 Antakya, Hatay Arkeoloji Müzesi, Inv. Nr. 8793, Torso einer Artemisstatuette

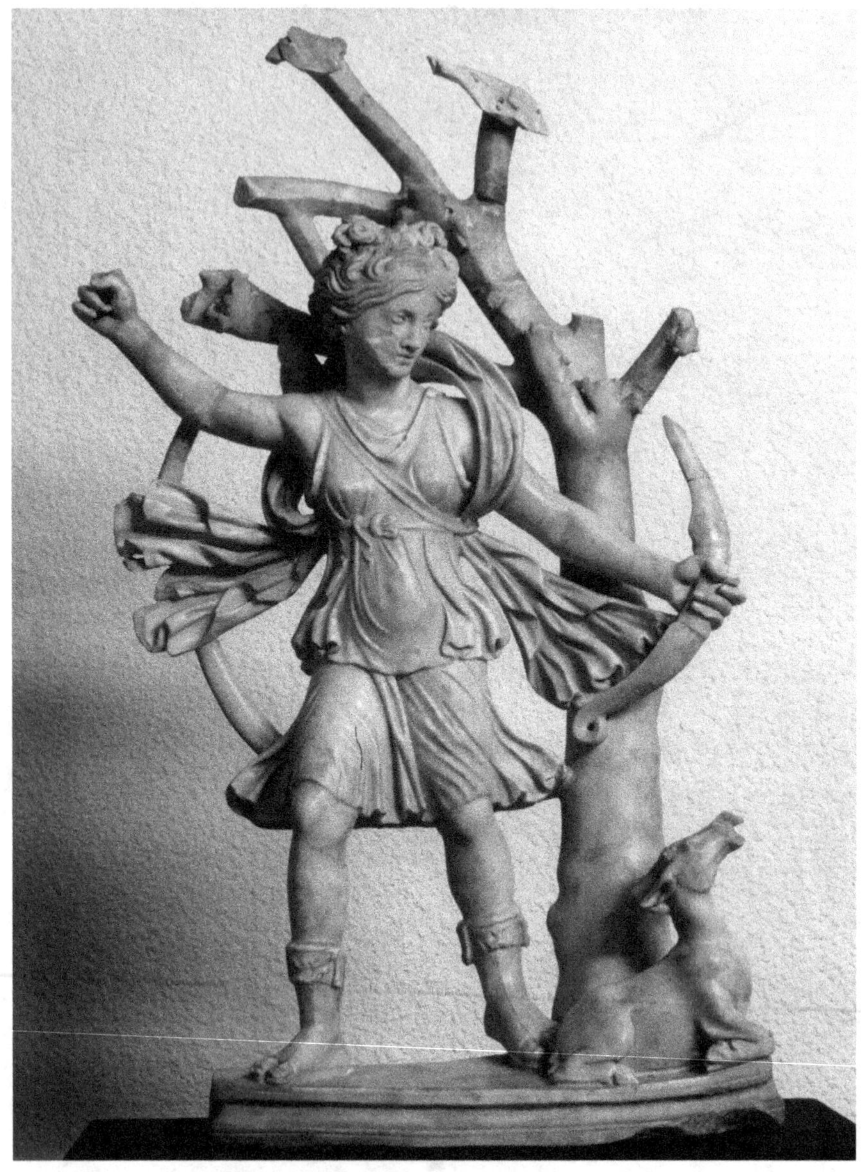

31 Bordeaux, Musée d'Aquitaine, Artemisstatuette aus Saint Georges de Montagne

www.ingramcontent.com/pod-product-compliance
Lightning Source LLC
LaVergne TN
LVHW010904110826
845149LV00005B/1465

* 9 7 8 3 1 1 0 4 4 3 2 3 3 *